O medo ao pequeno número

OS LIVROS DO OBSERVATÓRIO

O Observatório Itaú Cultural dedica-se ao estudo e divulgação dos temas de política cultural, hoje um domínio central das políticas públicas. Consumo cultural, práticas culturais, economia cultural, gestão da cultura, cultura e educação, cultura e cidade, leis de incentivo, direitos culturais, turismo e cultura: tópicos como esses impõem-se cada vez mais à atenção de pesquisadores e gestores do setor público e privado. Os LIVROS DO OBSERVATORIO formam uma coleção voltada para a divulgação dos dados obtidos pelo Observatório sobre o cenário cultural e das conclusões de debates e ciclos de palestras e conferências que tratam de investigar essa complexa trama do imaginário. As publicações resultantes não se limitarão a abordar, porém, o universo limitado dos dados, números, gráficos, leis, normas, agendas. Para discutir, rever, formular, aplicar a política cultural é necessário entender o que é a cultura hoje, como se apresenta a dinâmica cultural em seus variados modos e significados. Assim, aquela primeira vertente de publicações que se podem dizer mais técnicas será acompanhada por uma outra, assinada por especialistas de diferentes áreas, que se volta para a discussão mais ampla daquilo que agora constitui a cultura em seus diferentes aspectos antropológicos, sociológicos ou poéticos e estéticos. Sem essa dimensão, a gestão cultural é um exercício quase sempre de ficção. O contexto prático e teórico do campo cultural alterou-se profundamente nas últimas décadas e aquilo que foi um dia considerado clássico e inquestionável corre agora o risco de revelar-se pesada âncora. Esta coleção busca mapear a nova sensibilidade em cultura.

Teixeira Coelho

Arjun Appadurai

O MEDO AO PEQUENO NÚMERO

Ensaio sobre a geografia da raiva

Tradução
Ana Goldberger

Coleção Os livros do Observatório
Dirigida por Teixeira Coelho

© 2006 by Duke University Press

Copyright © desta edição
Editora Iluminuras Ltda. / Itaú Cultural

Capa
Michaella Pivetti

Fotos da capa
imagens extraídas do site livre www.sxc.hu
Agradecimentos para a autora da foto: Lucian Bobotan, (Brasov, Romania).

Revisão
Ana Luiza Couto

(Este livro segue as novas regras do Acordo Ortográfico da Língua Portuguesa.)

CIP-BRASIL. CATALOGAÇÃO-NA-FONTE
SINDICATO NACIONAL DOS EDITORES DE LIVROS, RJ

A655m

Appadurai, Arjun, 1949-
    O medo ao pequeno número : ensaio sobre a geografia da raiva / Arjun Appadurai ; tradução Ana Goldberger. — São Paulo : Iluminuras : Itaú Cultural, 2009.
    128p.

    Tradução de: Fear of small numbers : an essay on the geography of anger
    Inclui bibliobrafia e índice
    ISBN 978-85-7321-303-4 (Iluminuras)
    ISBN 978-85-85291-90-7 (Itaú Cultural)

    1. Conflitos étnicos. 2. Conflito cultural. 3. Globalização - aspectos sociais. I. Instituto Itaú Cultural. II. Título

09-2388.   CDD: 305.8009
                   CDU: 316.347

20.05.09   26.05.09   012788

2009
EDITORA ILUMINURAS LTDA.
Rua Inácio Pereira da Rocha, 389 - 05432-011 - São Paulo - SP - Brasil
Tel. / Fax: (55 11)3031-6161
iluminuras@iluminuras.com.br
www.iluminuras.com.br

SUMÁRIO

PREFÁCIO 9

1. DO ETNOCÍDIO AO IDEOCÍDIO 13

2. A CIVILIZAÇÃO DOS CHOQUES 23
   A reação americana 25
   Sistema celular versus sistema vertebrado 27
   A guerra como ordem 33

3. GLOBALIZAÇÃO E VIOLÊNCIA 35

4. O MEDO AO PEQUENO NÚMERO 45
   Medo aos fracos 45
   Identidades predatórias 46
   O número na imaginação liberal 51
   Dissidência e diferença nos regimes contemporâneos 53
   Muçulmanos na Índia: apaziguamento e pureza 55
   Quão pequenos são os números pequenos? 62
   Minorias, diásporas e terror 62
   Pequenos números e redes globais 63
   Globalização, números, diferença 65

5. NOSSOS TERRORISTAS, NÓS MESMOS 69
   Terror e incerteza 69
   A geografia da raiva 72
   Terror na capital do capital 82
   Fechando o círculo 83

6. GLOBALIZAÇÃO DE RAIZ NA ERA DO IDEOCÍDIO 87
    Ideocídio e civicídio 88
    Ódio a distância 89
    Globalização de raiz 97

BIBLIOGRAFIA 103

ÍNDICE REMISSIVO 107

PREFÁCIO

Este extenso ensaio é a segunda parte de um projeto de longo prazo que começou em 1989. A primeira fase desse projeto foi um esforço para examinar as dinâmicas culturais do então emergente mundo da globalização e resultou num livro chamado *Modernity at Large: Cultural Dimensions of Globalization* (1996).[1] Esse estudo levantou algumas questões analíticas e éticas sobre o futuro do estado-nação e procurou examinar os modos pelos quais as forças gêmeas da mídia e da migração criaram novos recursos para o trabalho criativo de imaginação como prática social. Além de sugerir alguns padrões na maneira como cultura, mídia e diásporas transicionais estavam mutuamente estruturando forças num mundo de rupturas, *Modernity at Large* propunha que a produção de comunidades vivas, localidades, tinha ficado mais complicada dentro do contexto da globalização.

O livro de 1996 provocou muitas discussões, tanto dentro quanto além da antropologia. Alguns críticos acharam que o livro apresentava um quadro róseo demais da globalização do começo dos anos 1990 e que não dava suficiente atenção aos aspectos mais sombrios da globalização, como a violência, a exclusão social e a crescente desigualdade. Em parte como consequência dessas questões e em parte movido pelos meus interesses de longo prazo, comecei a pesquisar sobre a violência coletiva contra muçulmanos na cidade onde moro (Bombaim, agora chamada de Mumbai), onde houve intensos distúrbios entre hindus e muçulmanos em janeiro de 1992 e, mais tarde, em 1993. Esses episódios de violência grupal foram parte de uma onda nacional de ataques contra santuários, casas e populações muçulmanos por toda a Índia a reboque da destruição da mesquita Babri Masjid em Ayodhya em dezembro de 1992. Essa obra sobre a violência hindu-muçulmana em Mumbai nos anos 1990 era parte de um projeto comparativo mais amplo sobre a violência étnica em grande escala no mundo depois de 1989, especialmente em Ruanda e na Europa Central, mas também na Índia e em outros lugares. O resultado dessas investigações na década que começa em 1995 reflete-se parcialmente aqui, bem como em alguns ensaios publicados na década interveniente, partes dos quais foram incluídas neste livro.

[1] *Modernidade à solta: dimensões culturais da globalização.* (N.T.)

Essa pesquisa sobre alguns dos resultados mais ásperos da globalização — e este livro pretende contestar tais conexões — também me colocou, principalmente por acaso, em contato com um fenômeno inteiramente novo, um fenômeno que permite que todos tenhamos esperanças no futuro da globalização. Em Mumbai, cidade cosmopolita e historicamente das mais liberais, meu caro amigo Sundar Burra me apresentou a um grupo notável de ativistas de que ele fazia parte e que me deu acesso ao trabalho desenvolvido por eles entre os mais pobres dos pobres urbanos de Mumbai. Eles também me deram a conhecer o que, em 1996, ainda era um fenômeno pouco estudado — o fenômeno da globalização de raiz, a globalização vinda de baixo, o esforço, pelo mundo todo, dos ativistas de movimentos e das organizações não governamentais para apreender e dar forma à agenda global em assuntos como direitos humanos, gênero, pobreza, meio ambiente e saúde. Esse encontro notável em Mumbai levou-me a embarcar num projeto paralelo de pesquisa sobre a globalização de raiz, cujos resultados preliminares menciono nas últimas páginas deste livro. A história completa desses ativistas dos sem--teto em Mumbai e as implicações para a política da esperança são o tema de um estudo (com o título provisório de *The Capacity to Aspire*[2]) que se encontra agora nos estágios finais de preparação.

Assim, o livro que você começou a ler é uma transição e uma pausa num projeto de longo prazo — tanto intelectual quanto pessoal — para procurar maneiras de fazer a globalização trabalhar para aqueles que dela mais necessitam e que menos proveito dela tiram, os pobres, os sem-teto, os fracos e as populações marginais de nosso mundo. É uma transição porque toda conversa sobre esperança é inútil a menos que seja arrancada das mandíbulas da brutalidade que a globalização também produziu. E até que possamos entender como a globalização pode produzir novas formas de ódio, etnocídio e ideocídio, não saberemos onde procurar os recursos para a esperança sobre a globalização e a globalização da esperança. Por isso, peço ao leitor que seja paciente nesta fase de uma investigação que ainda não está completa.

Como sempre, devo muito a amigos e colegas. Uma década é um tempo longo, e, durante esse tempo beneficiei-me de muita generosidade em muitos países e continentes. A lista completa de pessoas e públicos que me ajudaram a dar forma aos capítulos deste livro seria muito longa para significar alguma coisa. Assim, tenho de correr o risco de parecer injusto e selecionar apenas uns poucos nomes que me ajudaram de diversas maneiras ao longo da evolução (lenta demais) deste estudo. Em ordem alfabética, são: Jockin Arputham, Brian Axel, Sundar Burra, Dipesh Chakrabarty, Jean Comaroff, John Comaroff, Neera Chandoke, Veena Das, Celine D'Cruz, Faisal Devji, Dilip Gaonkar, Peter Geschiere, Rashid Khalidi, David Laitin, Benjamin Lee, Claudio

---

[2] *A capacidade de pretender*. (N.T.)

Lomnitz, Achille Mbembe, Uday Mehta, Sheela Patel, Vyjayanthi Rao, Kumkum Sangaree, Charles Taylor, Peter van der Veer e Ken Wissoker. Dois leitores anônimos da Duke University Press fizeram perguntas muito pertinentes que afetaram substancialmente a versão final.

Alguns agradecimentos institucionais também devem ser feitos. A Open Society Institute de Nova York me concedeu uma bolsa em 1997-98 para desenvolver um trabalho sobre esse assunto. A Universidade de Chicago me concedeu uma licença sabática e outros apoios para terminar este livro. A Universidade de Yale e a de Chicago me deram a oportunidade de lecionar a alunos interlocutores que afiaram meus argumentos. O Departamento de Ciência Política da Universidade de Delhi indicou-me como professor visitante e me convidou para apresentar a série Teen Murti de conferências em fevereiro de 2002, que formam a base dos capítulos 2, 5 e 6. Mais recentemente, a New School me lembrou do valor da discordância e do debate para a prática democrática global. Agradeço a todas essas instituições.

Também devo agradecimentos a pessoas mais próximas. Ajay Gandhi e Nikhil Anand, da Universidade de Yale, foram leitores atentos e fizeram críticas pertinentes ao texto todo. Zack Fine e Leilah Vevaina, da New School, lutaram com um manuscrito sempre modificado para trazê-lo até o presente estado. E, por último mas não menos importante, minha mulher, Carol A. Breckenridge, que pairou sobre este livro. Sem que ela me encorajasse e incitasse a ir em frente, nem o espírito nem a substância deste livro teriam vindo à luz.

Bethany, Connecticut
Agosto de 2005

1. DO ETNOCÍDIO AO IDEOCÍDIO

Este estudo refere-se à violência em larga escala de nossa época por motivos culturais. Seus capítulos, cujos argumentos são resumidos aqui, foram rascunhados entre 1998 e 2004. Assim, seus principais argumentos foram desenvolvidos à sombra de dois tipos principais de violência. O primeiro, que vimos na Europa Oriental, em Ruanda e na Índia no começo dos anos 1990, mostrou que o mundo, depois de 1989, não seria completamente progressista e que a globalização podia revelar patologias graves nas ideologias sagradas do nacionalismo. O segundo tipo, globalizado oficialmente sob o título "guerra ao terror", pode ser marcado pelos ataques cataclísmicos ao World Trade Center em Nova York e ao Pentágono na Virginia em 11 de setembro de 2001. Este último evento marcou os anos 1990 como uma década de superviolência, uma década caracterizada pelo crescimento contínuo de guerras civis e cívicas em muitas sociedades como um aspecto da vida cotidiana. Vivemos agora num mundo articulado de modo diferente pelos estados e pela mídia, em diferentes contextos nacionais e regionais, em que o medo frequentemente parece ser a fonte e o fundamento para campanhas intensas de violência grupal, que vão de distúrbios civis até extensos pogroms.

Nos anos 1940 e por algum tempo depois, muitos estudiosos começaram a considerar que formas extremas de violência coletiva, especialmente aquelas que juntavam a matança em grande escala com várias formas planejadas de degradação do corpo humano e da dignidade humana, eram efeitos colaterais do totalitarismo, principalmente do fascismo, e podiam ser vistos na China de Mao, na União Soviética de Stalin e em sociedades totalitárias menores. Infelizmente, os anos 1990 não deixaram dúvidas de que as sociedades liberal--democráticas, bem como várias formas mistas de estado, podem ser tomadas por forças majoritárias e violência étnica em grande escala.

Somos forçados, portanto, a fazer e responder a pergunta sobre por que os anos 1990, período que agora chamamos de "alta globalização", são também o período de uma violência em grande escala num amplo leque de sociedades e regimes políticos. Com referência à alta globalização (com mais do que um aceno na direção do alto modernismo), assinalo um conjunto de possibilidades e projetos utópicos que varreram muitos países, estados e esferas públicas depois do fim da Guerra Fria. Essas possibilidades foram absorvidas por uma série de doutrinas entrelaçadas sobre mercado aberto e livre comércio, sobre a difusão de instituições democráticas e constituições liberais e sobre as grandes possibilidades da Internet (e outras cibertecnologias relacionadas) em mitigar a desigualdade tanto dentro como entre sociedades e aumentar a liberdade, a transparência e o bom governo até nos países mais pobres e isolados. Hoje, só os partidários mais fundamentalistas da globalização econômica ilimitada pensam que o efeito dominó do livre comércio e o alto grau de integração de mercados e do fluxo de capitais entre nações é sempre positivo.

Assim, esta obra é mais uma tentativa de abordar a seguinte pergunta: por que uma década dominada pelo apoio global a mercados abertos, livre fluxo do capital financeiro e ideias liberais de ordem constitucional, boas práticas de governo e a expansão dos direitos humanos, veio a produzir uma pletora de exemplos de limpeza étnica, de um lado, e, de outro, formas extremas de violência política contra populações civis (definição adequada do terrorismo como tática)? No decorrer do que se segue, algumas vezes irei discordar de importantes esforços para abordar essa questão. Aqui, limito-me a colocar, em termos simples, os ingredientes de uma espécie diferente de resposta, uma resposta que tem raízes numa preocupação com as dimensões culturais da globalização. Alguns críticos viram meu esforço anterior em caracterizar o (então) mundo emergente da globalização (1996) como sendo, talvez, um pouco incisivo demais nas críticas ao moderno estado-nação e alegremente ingênuo quanto aos benefícios dos fluxos globais. Este ensaio aborda diretamente os aspectos mais negros da globalização.

Para chegar a um melhor entendimento sobre o que a globalização pode ter a ver com limpeza étnica e terror, proponho uma série de ideias interligadas. O primeiro passo é reconhecer que existe uma ideia fundamental, e perigosa, por trás da própria ideia do moderno estado-nação: a ideia de um "*ethnos* nacional". Nenhuma nação moderna, por mais benevolente que seja seu sistema político e por mais eloquentes que sejam suas vozes públicas sobre as virtudes da tolerância, do multiculturalismo e da inclusão, está livre da ideia de que sua soberania nacional se baseia em alguma espécie de *genius* étnico. Acabamos de ver expresso esse ponto de vista com chocante civilidade por Samuel Huntington (2004), numa clara declaração alarmista sobre o modo como os hispânicos nos Estados Unidos estão ameaçando romper com o "*American way*", que é visto como uma rígida doutrina cultural euro-protestante. Lá se foi a ideia de que posições étnico-nacionalistas estão confinadas a obscuros estados bálticos, demagogos africanos raivosos ou nazistas marginais na Inglaterra e no norte da Europa.

Tem sido amplamente observado que a ideia de um único *ethnos* nacional, longe de ser um desenvolvimento natural desse ou daquele solo, tem sido produzido e naturalizado a um grande custo, por meio da retórica da guerra e do sacrifício, de exaustivas regras de uniformização educacional e linguística e da subordinação de milhares de tradições locais e regionais para produzir indianos ou franceses ou ingleses ou indonésios (Anderson, 1991; Balibar, 1990; Scott, 1998; Weber, 1976). Também tem sido observado por alguns de nossos grandes estudiosos de teoria política, especialmente por Hannah Arendt (1968), que a ideia de um povo nacional é o tendão de Aquiles das modernas sociedades liberais. Nesta minha argumentação, lanço mão das ideias de Mary Douglas e outros antropólogos para sugerir que a passagem do *genius* nacional para uma cosmologia totalizada da nação sagrada e, mais além, para a pureza e a limpeza étnicas é relativamente direta. Há aqueles que argumentam que isso só é um risco naqueles regimes modernos que erroneamente colocaram o sangue como a essência de sua ideologia nacional; mas sangue e nacionalismo parecem estar de fato mais completa e amplamente ligados no mundo como um todo. Todas as nações, quando estão em determinadas condições, pedem uma integral transfusão de sangue, geralmente exigindo que uma parte de seu sangue seja retirada.

Essa inerente tendência etnicista em todas as ideologias do nacionalismo não explica por que apenas uma parte dos regimes nacionais se transforma no cenário de violência em larga escala, guerra civil ou limpeza étnica. Aqui, precisamos recorrer a uma segunda ideia, que envolve o lugar da incerteza social na vida social. Num ensaio anterior intitulado "Dead Certainty"[3] (1998b), desenvolvi uma argumentação detalhada sobre os modos pelos quais a incerteza social pode impulsionar projetos de limpeza étnica que são tanto vivisseccionistas quanto verificacionistas em seus procedimentos. Isto é, eles procuram a incerteza desmembrando o corpo suspeito, o corpo sob suspeição. Essa espécie de incerteza está intimamente ligada à realidade de que os atuais grupos étnicos contam-se às centenas de milhares e de que seus movimentos, misturas, estilos culturais e representações na mídia criam profundas dúvidas sobre quem exatamente faz parte de "nós" e quem está entre "eles".

A velocidade e a intensidade com que elementos tanto materiais quanto ideológicos agora circulam através de fronteiras nacionais criaram uma nova ordem de incerteza na vida da sociedade. O que quer que caracterize esse novo tipo de incerteza não se encaixa facilmente na profecia dominante, weberiana, sobre a modernidade, segundo a qual as formas sociais mais antigas e íntimas iriam se dissolver e ser substituídas por ordens burocrático--legais altamente regulamentadas, governadas pelo crescimento dos procedimentos definidos e da previsibilidade. As formas dessa incerteza são, decerto, variadas. Um tipo de incerteza é aquele que se reflete diretamente nos temas abordados pelo censo: quantas pessoas desse ou daquele tipo existem realmente num dado território? Ou, no contexto da migração rápida

---

[3] "Plena certeza". Em inglês, a expressão permite um jogo de sentido com a "limpeza étnica" mencionada no livro e as mortes que dela decorrem. (N.T.)

ou do movimento de refugiados, quantos "deles" existem agora entre nós? Outro tipo de incerteza é sobre o que algumas dessas megaidentidades significam realmente: por exemplo, quais são as características normativas daquilo que a constituição define como um membro de uma OBC (Other Backward Classes[4]) na Índia? Outra incerteza é sobre se uma determinada pessoa é aquilo que ele ou ela diz ser ou parece ser ou tem sido historicamente. Finalmente, essas várias formas de incerteza criam uma ansiedade intolerável sobre o relacionamento de muitos indivíduos com os bens proporcionados pelo estado — que vão desde habitação e saúde até segurança e saneamento —, já que esses direitos frequentemente estão diretamente ligados a quem "você" é e, portanto, a quem "eles" são. Cada tipo de incerteza ganha maior força sempre que há movimentos (seja qual for o motivo) de pessoas em larga escala, quando novos benefícios ou riscos estão ligados a identidades étnicas em grande escala, ou quando as redes existentes de conhecimento da sociedade sofrem a erosão provocada por boatos, pelo terror ou por movimentos sociais. Quando uma ou mais dessas formas de incerteza social está em jogo, a violência pode criar uma forma macabra de certeza e pode tornar-se uma técnica brutal (ou procedimento de revelação da origem) de atuação sobre "eles" e, portanto, sobre "nós". Esse relacionamento volátil entre certeza e incerteza pode ter um sentido especial na era da globalização.

Neste contexto, numa miríade de modos, alguns dos princípios e procedimentos essenciais do moderno estado-nação — a ideia de soberania e de um território estável, a ideia de uma população nela contida e contável, a ideia de um censo confiável e a ideia de categorias estáveis e transparentes — se descolaram na era da globalização, por razões que serão exploradas nos capítulos seguintes. Acima de tudo, a certeza de que povos distintos e singulares extrapolam e controlam territórios nacionais bem definidos tem sido decisivamente abalada pela fluidez global de riquezas, armas, povos e imagens que descrevi em *Modernity at Large* (1996).

Em palavras mais simples, onde quer que, na história do homem, as linhas entre nós e eles tenham sido sempre borradas nos limites e se revelado pouco claras por largos espaços e grandes números, a globalização exacerba essas incertezas e produz novos incentivos para a purificação cultural à medida que mais nações perdem a ilusão da soberania econômica ou do bem-estar nacionais. Essa observação também nos lembra que a violência em grande escala não é simplesmente o produto de identidades antagônicas, mas que a violência em si mesma é uma das maneiras como a ilusão de identidades fixas e plenas é produzida, em parte para aliviar as incertezas sobre a identidade que os fluxos globais invariavelmente produzem. Sob esse aspecto, o fundamentalismo islâmico, o fundamentalismo cristão e muitas outras formas

---

[4] Outras Classes Atrasadas. (N.T.)

locais e regionais de fundamentalismo cultural podem ser vistos como parte de um repertório emergente de esforços para produzir níveis antes não exigidos de certeza sobre identidade social, valores, sobrevivência e dignidade. A violência, especialmente a violência extrema e espetacular, é um modo de produzir tais certezas ao mobilizar o que chamei em outros textos de "apego total[5]" (1998a), especialmente quando as forças da incerteza social se aliam a outros medos sobre a crescente desigualdade, a perda de soberania nacional ou ameaças à segurança e à comunidade. Nesse sentido, um dos repetidos temas de meus próprios argumentos é que, para usar o brutal aforismo de Philip Gourevitch sobre Ruanda, "genocídio, afinal, é um exercício de construção de comunidades" (1998: 95).

A produtividade social da violência não explica em si mesma os modos especiais pelos quais a violência contra grupos definidos como minorias parece ter tomado novo alento nos anos 1990, dos Estados Unidos à Indonésia e da Noruega à Nigéria. Pode-se argumentar que a ainda contestada União Europeia é, de muitos modos, a formação política mais esclarecida do mundo pós-nacional. Hoje existem, contudo, duas Europas em evidência: o mundo da inclusão e do multiculturalismo numa parte das sociedades europeias e a xenofobia angustiada do que podemos chamar de a Europa de Pim Fortuyn[6] (Áustria, Romênia, Holanda, França). Para explicar por que estados nacionais, que sob outros aspectos são inclusivos, democráticos e laicos, geram ideologias de majoritarianismo e nacionalismo racializado, precisamos ir mais fundo no âmago do liberalismo, como farei no capítulo 4.

Essa análise me leva a observar que o desvio para o étnico-nacionalismo e mesmo o etnocídio nas organizações sociais democráticas tem muito a ver com a estranha reciprocidade interna das categorias de "maioria" e "minoria" no pensamento social liberal, que produz o que chamo de *ansiedade da incompletude*. Maiorias numéricas podem se tornar predatórias e etnocidas em relação aos *pequenos números* precisamente quando algumas minorias (e seus pequenos números) lembram àquelas maiorias a pequena brecha que existe entre sua condição de maiorias e o horizonte de um todo nacional imaculado, um *ethnos* nacional puro e limpo. Essa sensação de incompletude pode levar maiorias a paroxismos de violência contra minorias, em condições que irei analisar por todo o livro detalhadamente em relação aos muçulmanos na Índia, especialmente no capítulo 5.

---

[5] "Full attachment", no original. (N.T.)
[6] Wilhelmus Simon Petrus (Pim) Fortuyn foi um controvertido político holandês assassinado em 2002 por um ativista dos direitos dos animais que alegou ser necessário impedir que se continuasse a usar os muçulmanos como bodes expiatórios dos problemas sociais e alavanca para plataformas eleitorais. Pim Fortuyn, um homossexual assumido, havia criado um partido novo (LPF, Lista Pim Fortuyn) com razoável penetração popular. Defendia barreiras contra a imigração e chamava o islamismo de "cultura atrasada". (N.T.)

A globalização, como modo específico pelo qual estados, mercados e ideias sobre comércio e modos de governo têm sido organizados, exacerba as condições da violência em larga escala porque produz um potencial curso de colisão entre as lógicas da incerteza e da incompletude, cada uma delas tendo suas próprias força e forma. Como amplo fato sobre o mundo dos anos 1990, as forças da globalização produziram condições para um aumento da incerteza social em grande escala e também na fricção da incompletude, ambas tendo emergido do trânsito entre as categorias da maioria e da minoria. A angústia da incompletude (sempre latente no projeto de total pureza nacional) e a sensação de incerteza social a respeito de categorias étnico-raciais de grande escala podem produzir uma forma descontrolada de mútua estimulação, que é o caminho para o genocídio.

Essa abordagem ao crescimento da violência cultural em grande escala nos anos 1990 — combinando incerteza e incompletude — também pode fornecer um ângulo (não um modelo, nem uma explicação) do problema de como essa violência acontece num número relativamente pequeno de casos, especialmente se o universo total é medido pelo número atual de estados-nação independentes. O argumento apresentado aqui – que gira em torno do relacionamento entre globalização, incerteza e incompletude — nos permite uma maneira de reconhecer quando a angústia da incompletude e níveis inaceitáveis de incerteza combinam-se de modo a detonar a mobilização etnocida em grande escala. Pode-se argumentar que a presença concomitante de altos níveis de ambos os sentimentos é uma condição necessária para a violência em grande escala. A suficiência, entretanto, como tão frequentemente é o caso nas ciências sociais, é outra questão. A condição suficiente pode ser fornecida por um estado do mal (Iraque e os curdos), por uma estrutura colonial racista (Ruanda), por um processo de construção constitucional tragicamente etnicizado (a Iugoslávia depois de Tito) ou por líderes criminosos movidos pela cobiça pessoal e por redes de comércio ilícito (Libéria, Sudão). Na Índia, que é um exemplo central percorrendo todo o livro, a condição suficiente parece ter que ver com uma contingência especial que une um setor político majoritário a uma série de falhas internas legais e culturais.

Mais um ponto tem de ser abordado. A violência em grande escala dos anos 1990 parece estar acompanhada tipicamente por um excesso de raiva, um excesso de ódio que produz incontáveis formas de degradação e violação, tanto do corpo quanto do ser da vítima: corpos aleijados e torturados, pessoas queimadas e estupradas, mulheres estripadas, crianças mutiladas e amputadas, humilhações sexuais de todo tipo. O que podemos fazer com esse excesso, que frequentemente tem sido representado por ações públicas, muitas vezes entre amigos e vizinhos, e que deixou de se manifestar disfarçadamente como costumava ocorrer no passado com a degradação de conflitos grupais? Considerando os muitos elementos que cabem numa possível resposta, sugiro que esse excesso tem algo a ver com as deformações que a globalização trouxe ao "narcisismo das diferenças menores", tema que será tratado no capítulo 4.

O núcleo daquele argumento sobre o excesso de raiva, a urgência de degradar, é que o narcisismo das diferenças menores é agora muitíssimo mais perigoso do que no passado, por causa da nova economia de deslizamento e fusão que caracteriza as relações entre identidades e poderes da maioria e da minoria. Uma vez que se admite que essas duas categorias, em razão da maleabilidade de censos, constituições e ideologias mutáveis de inclusão e igualdade, podem inverter suas posições, as diferenças menores deixam de ser apenas sinais estimados de uma identidade incerta e, portanto, merecedoras de proteção especial, como o *insight* freudiano original poderia sugerir. De fato, as diferenças menores podem se tornar as menos aceitáveis, já que elas lubrificam o tráfico escorregadio de duas mãos entre as duas categorias. A brutalidade, degradação e desumanização que frequentemente acompanham a violência étnica dos últimos quinze anos são um sinal das condições em que o próprio limite entre diferenças menores e diferenças importantes tornou-se incerto. Nessas circunstâncias, a raiva e o medo que a incompletude e a incerteza, juntas, produzem não podem mais ser tratados por meio da extinção ou expulsão mecânicas das minorias indesejáveis. A minoria é o sintoma, mas a diferença em si é que é o problema subjacente. Assim, a eliminação da diferença em si mesma (não apenas o hiperapego às diferenças *menores*) é a nova marca registrada dos atuais *narcisismos predatórios* em grande escala. Uma vez que o projeto de eliminar as diferenças é fundamentalmente impraticável num mundo de fronteiras pouco nítidas, casamentos inter-raciais, línguas compartilhadas e outras profundas conexões, ele forçosamente produz um nível de frustração que pode começar a explicar o excesso sistemático que hoje vemos nas manchetes dos jornais. A psicodinâmica e a psicologia social dessa linha de investigação exigem ser exploradas de modo mais profundo do que são apresentadas no capítulo 4, um difícil assunto, bem além de meus próprios conhecimentos.

Essas ideias sobre incerteza, incompletude, minorias e produtividade da violência na era da globalização podem nos permitir reposicionar o mundo da guerra perpétua e unilateral e a democratização a distância, revelados pelos Estados Unidos no Afeganistão e no Iraque depois de 11 de setembro, e o mundo do terror a distância posto em movimento pela Al-Qaeda e outros contra o Ocidente no mesmo período. Os capítulos 2, 5 e 6 foram escritos durante as sequelas imediatas do 11 de setembro e compostos na Europa e na Índia nos seis meses que se seguiram aos ataques contra o World Trade Center e o Pentágono. Desde então, algumas coisas mudaram, mas outras, não.

Os novos tipos de organização política em células (representada pela Al-Qaeda), o crescente recurso a conflitos assimétricos da violência contra populações civis, o aumento da tática de atentados suicidas e, mais recentemente, a tática de divulgar decapitações pelos meios de comunicação (de participantes mais ou menos ocasionais em cenários de luta violenta) forçam-nos a fazer, ainda, um novo conjunto de perguntas, que se referem às fontes da raiva global contra as forças do mercado, a natureza especial do recente antiamericanismo em muitas partes do mundo e o estranho retorno do corpo do patriota, do mártir e da vítima de sacrifício aos espaços de violência de massa.

Deixem-me concluir esse apanhado geral pondo em destaque a mais recente forma de choque público por meio da mídia a penetrar nos dramas da violência encenados em nome da religião, nacionalidade, liberdade e identidade, a saber, os sequestros — gravados em *video-tape* — de vítimas no Iraque e, em alguns casos, seu degolamento como instrumento midiático para exercer pressão assimétrica sobre vários países, mais recentemente incluindo a Índia, por grupos associados à militância islâmica. De alguma forma vemos, aqui, uma volta às formas mais simples de violência religiosa, o sacrifício, sobre o qual René Girard (1977) tem escrito eloquentemente. Começando com a decapitação gravada em *video-tape* de Daniel Pearl[7] no Paquistão logo depois do 11 de setembro, a execução pública tem se tornado cada vez mais sistematicamente uma ferramenta para expressão política. Os que são sequestrados e são de fato degolados ou ameaçados de degola não são necessariamente ricos, poderosos ou famosos. Por exemplo, incluem um grupo pobre e desesperado de trabalhadores imigrantes no Iraque vindos da Índia, Kuwait e outros lugares. Esses imigrantes pobres, eles mesmos bucha de canhão no tráfico da globalização, assinalam um contraponto à morte impessoal provocada pela força aérea norte-americana no Iraque ou pela Al-Qaeda na cidade de Nova York, em Nairobi e na Arábia Saudita durante os últimos anos. Decapitações televisionadas no Iraque representam um forte gesto na direção de um sacrifício mais íntimo e pessoal ao combinar vítimas conhecidas e identificáveis com uma cerimônia mais gradual e intencional de morte violenta, um drama mais imponente dos poderes armados "por trás da máscara". Essas vítimas trágicas são a contrapartida involuntária dos homens-bomba da Palestina, Iraque e Siri Lanka. Nesses casos, as ideologias produzidas pelas várias formas de desespero diante da assimetria produzem vítimas e mártires como instrumentos de libertação. Esses corpos singulares são um esforço

---

[7] Daniel Pearl (1963-2002) foi um jornalista americano sequestrado e assassinado no Paquistão. À época, Daniel era o chefe do escritório asiático do *Wall Street Journal* com sede em Bombaim e investigava o caso de Richard Reid, o terrorista do sapato, e supostas ligações entre a Al-Qaeda e o serviço secreto do Paquistão, motivo que o levou ao país onde foi morto. (N.T.)

desesperado para trazer de volta um elemento religioso aos espaços de morte e destruição que se tornaram inimaginavelmente abstratos. Eles também podem ser vistos como respostas morais, apesar de chocantes, aos corpos torturados, acorrentados, humilhados e fotografados dos homens muçulmanos aprisionados pelos americanos no Iraque e no Afeganistão.

2. A CIVILIZAÇÃO DOS CHOQUES

Do modo como pensamos a paz política e a ordem social, faz tempo que alguns itens do mobiliário conceitual estão no lugar. Eles incluem os seguintes chavões: que o moderno estado-nação é o único proprietário das decisões de grande escala, como travar guerras e tomar medidas duradouras para a paz; que a ordem social na vida cotidiana é uma condição *default*, garantida pela mera ausência de guerra; e que existe uma distinção profunda e natural entre a desordem social dentro das sociedades e a guerra entre as sociedades. Todas essas afirmações ficaram em pedaços no mundo pós 11 de setembro. Nos últimos anos, temos visto que o conflito armado fugiu ao contexto do estado-nação e extrapolou a lógica de qualquer tipo de realismo. Somos igualmente confrontados com formas de conflito étnico que beiram o conflito armado de pouca intensidade e que se tornaram a situação rotineira ou *default* em muitas sociedades; a velha piada sobre irromper a paz é, agora, um fato social a ser levado a sério. Finalmente, a metástase do que chamamos de terrorismo e a rápida disseminação, no discurso, da palavra *terrorismo* para designar qualquer tipo de atividade antiestado, borraram decisivamente as fronteiras entre as guerras *da* nação e as guerras *na* nação.

É claro que a perturbação dessas verdades não chegou sem aviso prévio mesmo que tenha trazido consigo mais do que sua parcela de enigmas. Já faz algumas décadas que as guerras internas, sob vários ângulos, superam as guerras externas. O estado de guerra em zonas civis, conduzido tendo em vista eliminar a ideia de guerra como atividade regulamentada entre combatentes armados, está conosco faz algum tempo. O assassinato em massa de populações civis, que, primeiro, talvez tenha sido um instrumento oficial dos nazistas, tem-se tornado lugar-comum nas guerras étnicas das últimas décadas. E a disseminação de milícias em todos os níveis da sociedade, especialmente em sociedades marcadas por estados fracos ou dependentes, em muitas regiões do mundo promoveu a desvinculação entre o estado--nação oficial e a bandeira, o uniforme e o rifle automático.

Algo, entretanto, aconteceu em 11 de setembro que levou esses desenvolvimentos graduais ao clímax e nos forçou a repensar algumas das ideias que acalentamos sobre guerra, paz e segurança patrocinada pelo estado. O ataque às Torres Gêmeas tem sido analisado mais de perto do que o *Ulysses* de James Joyce e com igual número de opiniões diferentes. Poucos irão negar, contudo, que, ao atacar o nervo no covil da fera, ao se infiltrar no coração da luz e derrubar os budas de Wall Street, um novo tipo de guerra foi declarado. A novidade não esteve em sua tecnologia assimétrica, embora seja notável sob esse aspecto. Nem se encontrou em seu esforço audacioso para aterrorizar uma megacidade inteira e produzir o caos no maquinário velocíssimo do capital global. E também não podia ser encontrada no esforço para produzir o terror por meio de uma forma de cataclisma *high-tech*.

A novidade esteve no esforço por inaugurar uma guerra definida por um só inimigo, que seriam os Estados Unidos. Sendo um ato de guerra não declarada, uma espécie de pesadelo dadaísta, uma forma monstruosa de vingança por todos os cenários hollywoodianos de terror urbano, homens-bomba árabes, ataques de forças alienígenas e assemelhados, o 11 de setembro levou a ideia da guerra sem autores para um novo nível de seriedade.

Nem é o caso de dizer que essa foi uma guerra travada por uma força sem nome. Foi uma guerra travada por um novo tipo de agente, um agente que não estava nem um pouco interessado em fundar um estado nem em se opor a qualquer estado determinado ou às relações entre estados. Foi uma guerra contra os Estados Unidos, mas também contra a ideia de que só os estados estão em jogo. Os ataques de 11 de setembro foram um ato massivo de punição social, uma espécie de execução pública em massa, uma morte pelo fogo, pela pedra, pelo entulho, destinada a punir os Estados Unidos por seus travestimentos morais por todo o mundo, particularmente no mundo islâmico.

É essa qualidade moral, punitiva e pedagógica dos ataques de 11 de setembro que levou alguns observadores a se voltarem para o famoso modelo de Samuel Huntington do choque de civilizações (1993), embora muitos outros tenham questionado sua relevância. Antes, porém, de discordarmos dele, devemos notar qual a atração que ele exerce depois do 11 de setembro. Ele aponta para um novo tipo de indignação moral que grassa pelo mundo hoje, uma nova disposição para realizar atos extremos de guerra em nome de ideias específicas de pureza moral e retidão social, e está claro que é bobagem negar que existe algum vínculo poderoso entre as forças sociais do mundo islâmico e os eventos de 11 de setembro.

Há muitas razões não triviais para olhar além do modelo de Huntington, e volto a abordá-las no capítulo 6. Por agora, farei apenas umas poucas observações. O mundo islâmico está cheio de debates internos próprios. O menor deles não é a questão de quais estados islâmicos são vistos como estados justos por seu próprio povo e quais não são. E outros tantos estados islâmicos são considerados ilegítimos por várias coalizões que querem atacar estados não islâmicos, especialmente os Estados Unidos e a Grã-Bretanha. E se a Al-Qaeda foi a principal responsável pelos ataques de 11 de setembro e

Osama bin Laden o cérebro articulador por trás dessa rede, também parece claro que ele representa uma variedade específica de dissidência moral e escatológica no interior do mundo islâmico e dentro dos mundos árabe, saudita e sunita. Pode ser que essa seja uma guerra em nome do Islã, mas sua autoridade deriva de fontes muito mais idiossincráticas no interior do mundo islâmico.

Mais adiante voltarei às minhas razões para preferir pensar que estamos numa civilização mundial de choques em vez de num choque de civilizações, mas, agora, quero preparar o cenário examinando a reação americana aos eventos de 11 de setembro.

A REAÇÃO AMERICANA

Curiosamente, foi apenas depois que o governo dos Estados Unidos reagiu, depois de mais ou menos uma semana recuperando-se do choque brutal dos ataques, que pudemos começar a vislumbrar um pouco da morfologia da nova guerra e do tipo de embate que ela representava. Muito tem sido escrito sobre a procura de palavras adequadas pela mídia americana e pelos órgãos do estado para descrever o inimigo invisível e desconhecido. Agora podemos olhar para trás e elogiar o esforço inicial para evitar uma linguagem explicitamente racista, para evitar que se inflamassem os sentimentos antiárabes, para resistir à tentação de chamar todo o mundo islâmico de inimigo. De fato, Condoleezza Rice, então conselheira de Segurança Nacional, bem cedo declarou que *não* se tratava de um choque de civilizações (assim claramente repudiando Huntington). George Bush e outros membros de destaque de seu governo uniram-se na luta desesperada para dar um nome ao inimigo e, vagarosamente, o processo de nomeação foi tomando forma. Al-Qaeda, Afeganistão e Osama bin Laden emergiram depois de duas semanas do 11 de setembro como nomes adequados com que contar a história que se desenrolava da atrocidade perpetrada contra o povo americano e para dar forma à justificativa da potente reação militar que foi liberada logo depois.

Este não é o lugar adequado para analisar a extraordinária guerra aérea desencadeada pelos Estados Unidos e a Grã-Bretanha contra o Afeganistão, o Taliban e o núcleo da liderança da rede da Al-Qaeda. Muito tem sido dito sobre a bizarra ação humanitária de lançar do ar pacotes de alimentos junto com bombas. Também muito tem sido dito sobre a ironia de tomar um país reduzido a entulho pelo Taliban e transformá-lo em pó. E sobre o terror intenso que foi provocado nas populações civis devastadas do Afeganistão, que já tinham sido reduzidas a ruínas psicológicas pelo Taliban. E, no cenário mundial, tem sido acertadamente observado que o contra-ataque ao Afeganistão permitiu que a sonolenta máquina de guerra americana despertasse, que um líder que mal havia conseguido se eleger para um primeiro mandato assumisse o manto de salvador do mundo civilizado, e deixou várias personagens reencenarem os dramas morais de Suez, da Guerra Fria e da Guerra do Golfo, aumentados adequadamente até um gigantesco drama de Gulliver enfurecido. Mais uma vez, o mundo foi transformado numa lista de defensores e detratores, pró e contra, defensores e opositores daqueles que se tornaram os nomes de um inimigo global ameaçador: terror, terrorismo, terroristas.

A guerra contra o Afeganistão, ainda não totalmente terminada, foi o que podemos chamar de guerra de *diagnóstico*, ou mesmo de uma guerra de "medicina legal". Foi uma guerra calculada para fazer descobertas. O diagnóstico mais importante que a guerra procurou fazer foi sobre quem seria exatamente o inimigo: o que era a Al-Qaeda? Quem era Osama bin Laden? O que realmente era o Taliban? Também foi uma guerra de diagnóstico em outro sentido. Ela procurou identificar os defensores dos Estados Unidos e do Reino Unido; forçou a Europa e o Japão a declararem de quem eram aliados; e fez que muitos que estavam em cima do muro pendessem para o lado dos Estados Unidos, apesar de suas ressalvas. Esse foi um plebiscito feito pela poderosa máquina de guerra americana e não se permitiam abstenções. Muitos desses aspectos caracterizaram a subsequente guerra no Iraque, embora nesse caso a pergunta de medicina legal que serviu de motivo fosse aquela sobre as "armas de destruição em massa".

E porque o inimigo foi chamado de rede terrorista global, ela mesma ligada por mecanismos obscuros a outras redes desse tipo, sem nome, com tentáculos por todo o mundo, muitos estados puderam identificar por essa denominação seus próprios dissidentes, ativistas antiestado e minorias violentas. Esse era um nome com um poderoso eleitorado global. E a maioria dos estados reconheceu que esse era um nome com infinitas possibilidades de manipulação local. A Índia não foi exceção.

A principal razão, contudo, para essa esmagadora demonstração de apoio aos Estados Unidos por governos do mundo todo é que eles reconheceram que a guerra deflagrada em 11 de setembro era, acima de tudo, uma guerra entre dois tipos de sistema, ambos de alcance global. O primeiro pode ser descrito como *vertebrado*; o segundo, como *celular*. Os modernos estados-nação reconhecem que pertencem, em comum, ao mundo vertebrado e, como os últimos dinossauros, veem que estão numa luta desesperada pela sobrevivência como formação global.

Sistema celular *versus* sistema vertebrado

Para entender a diferença entre os sistemas mundiais vertebrado e celular, precisamos voltar um pouco atrás e refletir sobre os processos que viemos a designar pela palavra "globalização". Embora haja muita discussão sobre até que ponto a globalização corroeu os contornos do sistema de estados-nação, nenhum analista sério da economia global nas últimas três décadas pode negar que, quaisquer que tenham sido inicialmente as ficções e contradições do estado-nação, estas vieram a ser mais bem focalizadas por meio da integração mais profunda dos mercados mundiais e da extensa disseminação pelo mundo das ideologias do mercado, especialmente depois de 1989. Nem foi essa uma simples questão de balança comercial em relação ao PIB. É um assunto institucional que, muitos estudiosos têm mostrado, envolve profundas mudanças no caráter das instituições nacionais, como os bancos centrais, os quais, em muitas sociedades, determinam de fato políticas globais dentro da nação. Emergiram codificações inteiras de legislação internacional, contabilidade e protocolos de informação tecnológica, muitos não conhecidos ou usados para além das esferas das elites tecnocráticas especializadas, com a finalidade de regular formas complexas de tráfico econômico global.

A ideia de uma economia nacional, no melhor dos casos sempre fazendo água (e não mais velha do que o geógrafo alemão Friedrich List), agora, na maioria das vezes, surge como colaboradora e facilitadora mais do que autônoma ou autodefinida. Só as economias mais poderosas do mundo parecem ser nacionais sob qualquer aspecto importante e a maior de todas, a economia dos Estados Unidos, não é nada se não global. Na Europa, existe ampla concordância quanto ao fato de que a maior justificativa para a União Europeia é o fato inelutável de que a Europa tem de entrar no jogo global ou se arriscar a perder tudo. Os japoneses, não totalmente preparados para se tornarem globais na nova ordem das coisas, da noite para o dia viram-se transformados em uma economia tranquila, imune até aos vários choques elétricos macroeconômicos.

Há menos concordância quanto à cultura e política emergentes deste mundo hiperglobalizado, mas estão ocorrendo discussões entre os vários estudiosos sobre a crise do estado-nação, sobre o futuro da soberania, sobre a viabilidade de estados que não fazem parte de coalizões regionais fortes. Esses debates, que têm sua contrapartida em discursos políticos e movimentos de massa pelo mundo todo, frequentemente assumem a forma de novos pânicos em relação a mercadorias estrangeiras ou línguas estrangeiras, migrantes estrangeiros ou investimentos do estrangeiro. Muitos estados se veem presos entre a necessidade de representar dramas de soberania nacional e, simultaneamente, dar demonstrações de estarem abertos, calculadas para receber as bênçãos do capital ocidental e dos acordos multilaterais.

A completa perda virtual até mesmo da ficção de uma economia nacional, que tinha alguma prova de sua existência ao tempo dos estados socialistas fortes e do planejamento central, agora deixa o campo cultural como o campo principal em que fantasias de pureza, autenticidade, fronteiras e segurança podem ser representadas. Não surpreende que, através do mundo em desenvolvimento, a morte ou implosão de economias nacionais poderosas (por meio do crescimento de formas transitórias de investimento estrangeiro, do aumento nas formas e nos processos econômicos transnacionais, e o crescimento de impérios econômicos off-shore, que escapam a qualquer forma de contabilidade nacional) têm sido acompanhadas pelo surgimento de vários novos fundamentalismos, majoritarianismos e indigenismos, frequentemente com um marcado viés etnocida. O estado-nação vem sendo firmemente reduzido à ficção de seu *ethnos* como o último recurso cultural em que ele pode exercer pleno domínio.

E, é claro, existe o outro lado da atual dinâmica da globalização, aquele que foi notado por uma ampla gama de observadores. É a crescente produção de maior desigualdade entre nações, classes e regiões. Esse aumento da desigualdade, sem levar em consideração os debates dos peritos sobre suas exatas ligações com os mercados abertos e o fluxo muito veloz do capital global, é visto, no nível popular, em muitos países, como produto direto da força sem freios do capitalismo global e de sua inquestionável nação líder, os Estados Unidos. Sem dúvida, é essa aparente vinculação entre economias nacionais que implodem, capital financeiro fugidio e o papel dos Estados Unidos como o líder principal das ideologias do negócio, do mercado e do lucro que criou um novo tipo de Guerra Fria emocional entre aqueles que se identificam com os perdedores do novo jogo e aqueles que se identificam com o pequeno grupo de ganhadores, especialmente os Estados Unidos. A sensação amplamente notada de que alguma espécie de justiça atingiu os Estados Unidos, mesmo entre aqueles que abominaram a brutalidade do 11 de setembro, está sem dúvida ancorada na afronta moral causada pela lógica da exclusão econômica. Tenho mais a dizer sobre o aumento do ódio global aos Estados Unidos e voltarei a esse assunto no capítulo 6.

O que é digno de menção sobre os novos fluxos de dinheiro, armas, informação, pessoas e ideologias através das fronteiras das nações é que eles produziram formas de solidariedade que existem no mesmo plano *político* que as que são tradicionalmente monopolizadas pelo estado-nação. Assim, comunidades diaspóricas de muitos tipos controlam as lealdades primárias de populações, que também podem existir dentro das várias fronteiras nacionais. Discussões sobre assuntos-chave como guerra, paz, identidade e progresso, desenrolam-se ferozmente entre cibercomunidades que funcionam por cima dos limites nacionais e representam vários tipos de solidariedade, alguns culturais, outros profissionais, outros ainda situacionais ou oportunistas. Os nacionalismos virulentos também prosperam no contexto do ciberespaço, mas mesmo assim complicam a solidez dos vínculos entre espaço, lugar, identidade. Existe de fato uma comunidade chamada eelam.com[8] (Jeganathan, 1998), que inclui tamiles que fogem da violência do Sri Lanka desde os anos 1970. Imaginações coletivas e coletividades imaginadas, na era das cibertecnologias, deixaram de ser apenas duas faces da mesma moeda. Elas, antes e com frequência, testam e contestam-se uma à outra.

Imagens de rede têm sido invocadas forçosamente para apreender as emergentes formas sociais e políticas desse mundo interligado, movido a tecnologia, especialmente por Manuel Castells (1996), mas também por muitos gurus corporativos, futurologistas e outros. E o mundo agora está claramente ligado por múltiplos circuitos, ao longo dos quais dinheiro, notícias, pessoas e ideias fluem, juntam-se, convergem e dispersam-se de novo. E, contudo, a imagem da rede parece generalista demais para a realidade que ela procura apreender.

A ideia de um mundo *celular* parece ligeiramente mais precisa. O contraste, derivado da biologia, contrapõe formas celulares e formas vertebradas e, como todas as analogias, não pretende ser completo ou perfeito. O moderno sistema de estado-nação é o caso mais marcante de uma estrutura *vertebrada*, pois, embora as nações prosperem com suas histórias de diferença e singularidade, o sistema de estado-nação só funciona por causa de sua subjacente pressuposição de uma ordem internacional, garantida por uma variedade de normas, das quais as menos importantes não são as da própria guerra. Hoje em dia, essa ordem vertebrada está simbolizada, não só pelas Nações Unidas, mas também pelo amplo e crescente corpo de protocolos, instituições, tratados e acordos que procuram garantir que todas as nações operem sobre princípios simétricos em relação ao comportamento de umas com as outras, sejam quais forem suas posições na hierarquia de poder e riqueza. Desde o começo, o sistema de estado-nação baseou-se num sistema de comunicação e reconhecimentos semióticos, composto por itens simples como bandeiras, selos e companhias aéreas e por sistemas muito mais complexos, como consulados, embaixadas e outras formas de reconhecimento mútuo. Tais sistemas vertebrados, dos quais o sistema do estado-nação pode ser o maior ou o de escala mais extensa, não são necessariamente centralizados ou hierárquicos, mas têm como premissas fundamentais um conjunto de

---

[8] Referência ao movimento nacionalista tamil que defende a criação de uma nova nação na ilha de Sri Lanka, ex-Ceilão. O povo tamil representa-se como uma entidade social com sua propria história, tradições, cultura, idioma e pátria; chamam sua nação de Tamil Eelam. (N.T.)

normas coordenadas e regulatórias e signos. Não é difícil ver porque o Tratado de Westfália e os escritos de Kant sobre simetria e reciprocidade moral vieram à luz tão próximos uns dos outros, no tempo e no espaço.

O sistema capitalista global não se encaixa claramente no contraste entre sistemas vertebrado e celular. Por um lado, ele é claramente um sistema vertebrado, dependendo, como é fato, de um vasto sistema nervoso de comunicações, transporte, crédito a distância e transações fiscais coordenadas. Esse aspecto de coordenação tem feito sempre parte da história do capitalismo industrial, que, no mínimo, exigia sistemas confiáveis para o crédito e as trocas monetárias. O moderno capitalismo também é vertebrado no sentido de que exige a ampla aplicabilidade de certos protocolos legais, de um sistema de prestação de contas, controle, taxação e segurança, em relação aos quais ele depende, tipicamente, dos arranjos entre estados soberanos, garantidos por vários acordos e tratados. Nesse sentido, as estruturas vertebradas do sistema do estado-nação e do moderno capital industrial têm estruturas que se sobrepõem e uma história obviamente interligada. É claro que essa estrutura comum jamais esteve livre de tensões e contradições, mas, mesmo assim, ela é visível na economia política global já nos séculos XVI e XVII nos impérios marítimos que surgiram no oeste e no sul da Europa.

Por outro lado, contudo, como o capitalismo vem evoluindo desde o século XIX à medida que se tornou tecnicamente mais sofisticado e portátil, que suas tecnologias se tornaram mais modulares e móveis e que seu componente financeiro tem-se libertado cada vez mais de relacionamentos diretos com a indústria e a manufatura, ele gradualmente começou a desenvolver certos aspectos celulares cruciais. Esses aspectos cada vez mais ficam visíveis na era do capitalismo que tem sido chamada ora de "pós-fordista", ora de "desorganizada", de "flexível" ou "pós-industrial". Nesta era, caracterizada pela mudança das empresas multinacionais para as transnacionais e, agora, globais, a enorme rapidez com que se recombinam os fatores da produção alterou a geografia do capital e tornou difícil estimar seus movimentos e perfil nacional. Essas qualidades, evidentes principalmente a partir dos anos 1970, têm-se refletido em muitos tipos de modelos e slogans organizacionais, todos tentando apreender as operações móveis, recombinantes, oportunistas e desnacionalizadas de muitas corporações globais. Nas décadas seguintes à metade dos anos 1980, esses aspectos celulares cada vez mais se aceleraram pelo crescimento das novas tecnologias de informação vinculado ao aumento da espantosa velocidade e à escala das transações financeiras, que têm feito os mercados financeiros nacionais serem presa de crises repentinas e dramáticas. Esse processo foi, do México ao leste da Ásia e à Argentina — um país com enormes riquezas foi reduzido à anarquia econômica em poucas semanas. Países como a Índia têm admitido, abertamente, que sua relativa imunidade a tais crises é, pelo menos parcialmente, função de sua pouca integração à economia global. Esse, porém, é um jogo difícil, como se pode constatar em muitos países da África subsaariana que mostram as desastrosas implicações de se estar por demais à margem dos processos do mercado global.

De várias maneiras, o atual estado das empresas globais e dos mercados onde elas operam mostra uma dupla personalidade que parece com os aspectos vertebrados do sistema do estado-nação e que depende deles, mas que é também o laboratório para novas formas de celularidade, desligamento e autonomia local.

Esse caráter duplo do capitalismo global na era da internet é que nos permite entender melhor a natureza celular das novas "redes terroristas". Ligadas, mas não gerenciadas verticalmente; coordenadas, porém notavelmente independentes, capazes de se multiplicarem sem o recurso a estruturas centrais de comunicação; nebulosas em seus aspectos organiza--cionais centrais, porém límpidas como água em seus efeitos e estratégias celulares, essas organizações claramente dependem das ferramentas cruciais da transferência de dinheiro, organização oculta, paraísos fiscais e meios não oficiais de treinamento e mobilização que também caracterizam as operações em muitos níveis do mundo capitalista. De fato, as áreas mais nebulosas do mundo das finanças e operações bancárias são claramente cúmplices das redes internacionais de terror. A campanha maciça para perseguir e congelar os ativos dessas organizações por meio das operações bancárias, da taxação e da lei, especialmente nos Estados Unidos, dão um claro testemunho sobre a seriedade desse vínculo. Afinal, existe alguma afinidade entre as transações do tipo caixa 2 de um gigante corporativo como a Enron, que enganou milhares de trabalhadores e investidores, e os negócios off-line das redes terroristas, dos quais tanto ouvimos falar. De modo geral, os fluxos globais de armas, trabalho, drogas e pedras preciosas dependem, com frequência, de comunicações de alta tecnologia e de meios de violência não estatais. Essa é a zona em que se juntam a violência do terrorismo e a independência dos vários fluxos ilícitos globais.

A celularidade que caracteriza tanto o capital quanto o terror internacional tem, contudo, outras faces, e tratarei, no capítulo 6, da globalização de raiz, das maneiras como organizações não governamentais têm utilizado os meios da celularidade para criar novas formas de solidariedade e novas estratégias para contestar o poder do estado-nação e das corporações globais. Essas são formas celulares utópicas, dedicadas aos objetivos da igualdade, transparência e inclusão. Estão tão distantes do *ethos* do terror quanto possível, mas também são exemplos das novas lógicas da celularidade.

É um evidente absurdo empírico falar do fim do estado-nação. Se examinarmos cuidadosamente, contudo, a proliferação de formas celulares que cercam e questionam a moralidade vertebrada do moderno sistema do estado-nação, parece que existe tanto dependência mútua quanto antagonismo entre esses dois princípios de organização e vinculação política em grande escala. A complementaridade e a diferença entre sistemas vertebrado e celular fornecem-nos um modo estrutural de examinar a crise do estado-nação na era da globalização e nos forçam a ver que as formas de terrorismo global de que ficamos mais conscientes depois do 11 de setembro são apenas momentos de uma transformação profunda e ampla da morfologia da política e economia globais.

Essa ampla transformação, de que o terror global é a vertente violenta e assimétrica, pode ser considerada como uma crise de transformação. Isto é, pode ser vista como uma crise produzida por aquilo que, em um texto anterior, chamei de "disjunções" entre vários tipos de fluxos — de imagens, ideologias, mercadorias, pessoas e riqueza — que parece marcar a era da globalização (1996). Essas disjunções são produzidas principalmente pelos modos e meios de circulação que operam, em suas negociações, com diferentes ritmos de espaço e tempo. Algumas vezes discutidos como fluxos globais desvinculados, eles produzem tensões e contradições locais de muitos tipos. Já que todas essas tensões têm algo que ver com processos de fluxo global que não estão sincronizados de modo coerente, elas podem ser chamadas de crises de circulação. Ao chamá-las assim, somos lembrados de que a globalização tem muito que ver com os movimentos do capital financeiro e que Karl Marx foi um dos primeiros a notar que a circulação, especialmente de dinheiro em relação às mercadorias, era vital para as operações e contradições do capital. Hoje, tomando como base essa intuição de Marx, podemos constatar que as lógicas da circulação se tornaram ainda mais diversas e separadas em seu âmbito espacial, legibilidade semiótica, velocidade e andamento do movimento, e nos caminhos por onde se movem ou que criam do zero para se mover.

Voltando à sempre frágil ideia de um mundo de economias nacionais, podemos caracterizar a atual era de globalização — impulsionada pelos tríplices motores do capital especulativo, dos novos instrumentos financeiros e das tecnologias de informação altamente velozes — como aquela que cria novas tensões entre a necessidade desenfreada que tem o capital global de vagar sem licença ou limite e a fantasia ainda reinante de que o estado-nação garante um espaço econômico soberano. Essa nova crise de circulação (mais exatamente, uma crise das relações desvinculadas entre diferentes caminhos e formas de circulação) é o amplo pano de fundo contra o qual se desenvolvem as tensões entre formas vertebradas e celulares. Essa batalha também pode ser vista na fricção entre as formas de circulação e a circulação de formas na era da globalização.

Embora tais formas estejam inextricavelmente interligadas, elas tendem, ao mesmo tempo, a se chocar. Não é, porém, um choque de doutrinas, culturas ou civilizações. É um choque entre diferentes modos de organização em grande escala — que aqui chamei de celular e vertebrado — dentro da corrente crise de circulação. Osama bin Laden e Al-Qaeda são nomes apavorantes para esses choques, que envolvem muito mais do que a questão do terrorismo.

A GUERRA COMO ORDEM

Um *insight* fundamental que Achille Mbembe (2003) nos ofereceu, é o de que, em sociedades em que a vida cotidiana se caracteriza pela existência, todo dia, da violência física, do conflito militarizado e da brutalidade somática em nome de identidades coletivas, não podemos mais imaginar uma oposição simples entre natureza e guerra, de um lado, e vida social e paz do outro. Mbembe nos convida a imaginar uma paisagem muito mais assustadora, em que a ordem (regularidade, previsibilidade, rotina e a própria vida cotidiana) organiza-se em torno do fato ou da possibilidade da violência.

As políticas globais em torno da imagem do terror e do terrorismo depois do 11 de setembro nos forçam a aceitar esse convite de maneira ligeiramente diferente. Elas rompem a divisão entre espaço civil e espaço militar. As ações dos vários agentes e redes terroristas procuram infundir o medo na vida cotidiana civil. Elas supõem um mundo onde não há civis. Isso não é apenas guerra total, como tem sido travada por estados poderosos em momentos diferentes da história; é guerra cotidiana, guerra como uma possibilidade de todo dia, travada precisamente para desestabilizar a ideia de que existe para alguém um "cotidiano" que esteja fora do espaço e tempo da guerra. A isso, o terrorismo acrescenta o elemento da imprevisibilidade, chave para produzir medo constante. Estados que se entregam a esse tipo de estratégia em relação a sua própria população ou a outras populações são vistos, corretamente, como engajados no terrorismo em si.

O terror produz seus efeitos ao borrar regularmente os limites entre espaços e tempos de guerra e de paz. Ele também funciona por meio de seus esforços para esconder seus próprios princípios de organização e mobilização. E, acima de tudo, dedica-se a dizimar a ordem, sendo esta entendida como paz ou ausência de violência. O terror, em nome de qualquer ideologia da equidade, liberdade ou justiça, procura instaurar a violência como princípio regulador central da vida cotidiana. Isso é que é aterrorizante no terror, até mesmo além dos traumas que provoca no corpo, de sua promiscuidade espacial, de seus dramas de autosacrifício, de sua recusa do humanismo recíproco. Terror é o nome de direito para qualquer esforço de substituir a paz pela violência como a âncora que garante a vida cotidiana. Ele usa a emergência como rotina e valoriza formas excepcionais de violência e violação como sua norma.

O tipo de rede globalizada de terror como vemos agora em organizações como a Al-Qaeda acrescenta a essa lógica a capacidade de globalizar por meio da organização celular. Assim, existe uma dupla sensação de asco e incerteza que essas redes produzem. Elas procuram inverter a relação entre a paz e a vida cotidiana e o fazem sem nenhuma necessidade de ou consideração por aqueles princípios de coordenação vertebrada nos quais o estado-nação sempre se baseou. Isso é um ataque epistemológico contra todos nós, pois desestabiliza nossas duas pressuposições mais acalentadas — que a paz é o marcador natural da ordem social e que o estado-nação é quem garante e contém naturalmente essa ordem. O terror, portanto, é o lado do pesadelo da globalização e precisamos olhar mais de perto a lógica desse pesadelo. Por enquanto, observemos que o terror na era da globalização não pode ser divorciado de certas crises e contradições mais profundas que cercam o estado-nação. Uma dessas crises, abordada no próximo capítulo, refere-se ao vínculo entre minorias *dentro* do moderno estado-nação e a marginalização *do* estado-nação pelas forças da globalização.

3. GLOBALIZAÇÃO E VIOLÊNCIA

A globalização é fonte de debates em quase todos os lugares. É o nome de uma nova revolução industrial (movida por poderosas tecnologias de informação e comunicação) que apenas começou. Por causa de sua novidade, ela põe à prova nossos recursos linguísticos para entendê-la e nossos recursos políticos para gerenciá-la. Nos Estados Unidos e nos mais ou menos dez países mais ricos do mundo, globalização é decerto um jargão positivo para as elites corporativas e seus aliados políticos. Para migrantes, pessoas de cor e outros marginais (o chamado "sul dentro do norte"), porém, é uma fonte de preocupação quanto à inclusão, empregos e marginalização mais profunda. E a preocupação dos marginais, como sempre na história da humanidade, é uma preocupação para as elites. Nos demais países do mundo, os subdesenvolvidos e os verdadeiramente carentes, existe uma dupla angústia: medo de inclusão, em termos draconianos, e medo de exclusão, pois esta parece ser a exclusão da própria história.

Quer estejamos no norte ou no sul, a globalização também põe em xeque nosso instrumento mais forte para tornar a novidade gerenciável, e esse é o recurso à história. Podemos nos esforçar ao máximo para ver a globalização apenas como uma nova fase (e face) do capitalismo, ou neocolonialismo, ou modernização ou desenvolvimentismo. E existe alguma força nessa caça à analogia que nos permitirá domar a fera da globalização na prisão (ou zoológico) da linguagem. Esse movimento historicista (apesar de toda a sua legitimidade técnica), contudo, está fadado ao fracasso precisamente ao prestar contas da parte da globalização que é perturbadora por sua novidade. Recorrer aos arquivos de sistemas mundiais anteriores, velhos impérios e conhecidas formas de poder e capital pode, de fato, acalmar-nos, mas apenas até certo ponto. Além desse ponto, está à espreita a intuição de muitos povos pobres (e seus defensores pelo mundo) de que a globalização apresenta novos desafios que não podem ser abordados pelos confortos da história, mesmo sendo os da história de gente má e dos odiosos conquistadores do mundo. Essa intuição nebulosa está no âmago das coalizões incertas e dos diálogos perturbadores que envolvem a globalização, mesmo nas ruas de Seattle, Praga, Washington e muitos outros lugares menos dramáticos.

Onde exatamente está essa novidade e por que muitos intelectuais críticos não conseguem entendê-la melhor? Em minha opinião, existem três fatores interligados que tornam a globalização difícil de entender em termos das histórias anteriores do estado e do mercado. O primeiro é o papel do capital financeiro (especialmente em suas formas especulativas) na economia mundial hoje: ele é mais rápido, mais multiplicador, mais abstrato e invade mais as economias nacionais do que jamais antes em sua história. E, por causa de suas ligações enfraquecidas com a manufatura e outras formas de riqueza produtiva, é como um cavalo sem um cavaleiro estrutural aparente. A segunda razão diz respeito ao poder peculiar da revolução da informação em suas formas eletrônicas. Tecnologias eletrônicas de informação são parte indispensável dos novos instrumentos financeiros, muitos dos quais detêm poderes que claramente estão à frente dos protocolos para sua regulamentação. Assim, quer o estado-nação esteja desaparecendo ou não, ninguém pode argumentar que a ideia de uma economia nacional (no sentido articulado em primeiro lugar pelo geógrafo alemão Freidrich List) ainda seja um projeto facilmente sustentável. Assim, por extensão, a soberania nacional agora é um projeto duvidoso por razões técnicas específicas de um novo tipo e escala. Terceiro, as formas novas, misteriosas e quase mágicas da riqueza gerada pelos mercados financeiros eletrônicos parecem ser diretamente responsáveis pelas crescentes brechas entre ricos e pobres, mesmo nos países mais ricos do mundo.

Ainda mais importante, o perambular misterioso do capital financeiro tem sua contrapartida nos novos tipos de migração, tanto de elites quanto de proletários, que criam tensões sem precedentes entre as identidades de origem, identidades de moradia e identidades de aspiração para muitos migrantes no mercado mundial do trabalho. Fronteiras financeiras permeáveis, identidades móveis e tecnologias rápidas de comunicação e transação, juntas, produzem discussões, tanto dentro quanto através de fronteiras nacionais, que têm novos potenciais para a violência.

Existem muitas maneiras de abordar os problemas da globalização e da violência. Pode-se tomar os Estados Unidos e perguntar se o crescimento da indústria prisional (e daquilo que algumas vezes é chamado de estado carcerário) está ligado à dinâmica das economias regionais que estão sendo expulsas de outras formas mais humanas de emprego e criação de riqueza. Pode-se considerar a Indonésia e perguntar por que existe um aumento mortal na violência intraestado entre a população nativa e os migrantes sustentados pelo estado. Pode-se estudar Sri Lanka e perguntar se há vínculos reais entre a incessante guerra civil, ali, e a diáspora global dos tamiles, com resultados como o eelam.com, exemplo de cibersecessão (Jeganathan, 1998). Podemos nos preocupar com os movimentos convencionais separatistas da Chechênia e da Cachemira, do país basco e muitas partes da África e perguntar se a violência, nesses lugares, é estritamente endógena. Pode-se olhar para a Palestina e perguntar se a violência íntima do colonialismo interior está agora ligada tão profundamente à mídia e à intervenção global que está fadada à institucionalização permanente. Poderíamos colocar-nos em Kosovo ou no Iraque e perguntar se o humanitarismo violento dos ataques aéreos da Otan é a forma mais nova de punição bíblica pelos deuses armados de nosso tempo. Ou podemos nos identificar com a perspectiva de minorias aterrorizadas em muitos espaços nacionais, como Palestina, Timor ou Serra Leoa, muitas vezes vivendo em campos de detenção disfarçados como bairros ou campos de refugiados, e perguntarmo-nos sobre a violência do deslocamento e da recolocação.

Percorrendo todas essas situações e formas de violência está a presença de alguns fatores globais principais. A violência crescente e organizada contra as mulheres, célebre no regime do Taliban, também está claramente evidente em muitas outras sociedades que procuram jogar a primeira pedra, como os Estados Unidos, onde a violência doméstica ainda é comum. A mobilização de exércitos de jovens, notadamente na África mas também em muitos outros locais com conflitos internos, está produzindo veteranos de guerra que mal viram a vida adulta, muito menos a paz. O trabalho infantil é bastante perturbador como forma globalizada de violência contra crianças, mas o trabalho de lutar em milícias civis e gangues militares é uma forma particularmente mortal de iniciação à violência com pouca idade. E, então, existem as formas mais insidiosas de violência, experimentadas por grande número dos pobres do mundo quando sofrem deslocamentos por causa de projetos de grandes represas ou de erradicação de favelas. Aqui, eles sentem os efeitos da política global de segurança na condição de vítimas de embargos econômicos, violência policial, mobilização étnica e perda de emprego. O fechamento de pequenas indústrias em Delhi, na última década, é um exemplo vívido da conivência de discursos ambientais bem intencionados, políticas municipais corruptas e a corrida desesperada por empregos e meios de vida. Essa é parte dos motivos pelos quais os pobres algumas vezes se sujeitam à violência íntima de vender partes do corpo em mercados globais de órgãos, vender seus corpos inteiros para trabalhos domésticos em países inseguros e oferecer suas filhas e filhos para serviços sexuais e outras ocupações que deixam cicatrizes permanentes.

Voltemos para trás um momento para considerar algumas objeções a essa linha de pensamento. O que essa enumeração tem que ver com a globalização como tal? Não será apenas mais um capítulo na história do poder, cobiça, corrupção e exclusão que encontramos desde os primórdios da história do homem? Eu argumentaria que não. Muitos dos exemplos que citei acima estão vinculados de modos específicos às transformações na economia mundial desde 1970, a conflitos específicos sobre indigenismo e soberania nacional produzidos pela luta entre universalismos rivais, como liberdade, mercado, democracia e direitos, que simplesmente não operavam do mesmo modo em períodos anteriores. Acima de tudo, os muitos exemplos que dei se encaixam no principal fato empírico da macroviolência nas últimas duas décadas, que é o crescimento relativo e marcante da violência intra-estado versus a violência entre estados. Assim, os mapas dos estados e os mapas dos conflitos não se encaixam mais numa geografia antiga, realista. E, quando acrescentamos a tudo isso a circulação global de armas, drogas, mercenários, máfias e outras parafernálias da violência, é difícil fazer que eventos localizados tenham um significado local.

Dentre todos esses contextos para a violência, indo dos mais íntimos (como estupro, mutilação do corpo e desmembramento) aos mais abstratos (como a migração forçada e a transformação legal em minorias), o mais difícil é o ataque, pelo mundo todo, contra as minorias de todos os tipos. Em relação a esse assunto, todo estado (como toda família) está infeliz a seu modo próprio. Por que estamos, porém, vendo um impulso genocida virtualmente por todo o globo em relação às minorias, sejam elas numéricas, culturais ou políticas, e sejam elas minorias pela falta da etnicidade adequada ou dos documentos adequados ou por serem a incorporação visível de alguma história de violência ou maus-tratos mútuos? Esse padrão global exige algo como uma resposta global, e este é o objetivo deste livro.

As respostas existentes não nos levam muito longe. Será um choque de civilizações? Pouco provável, já que muitas dessas formas de violência são intracivilizacionais. Será o fracasso dos estados em seguir a norma weberiana do monopólio da violência? Parcialmente, mas esse fracasso em si exige maiores explicações, junto com o concomitante crescimento mundial dos exércitos "privados", zonas de segurança, consultores e guarda-costas. Será uma insensibilização mundial geral de nossos impulsos humanitários, como sugere Michael Ignatieff (1998), em razão do efeito de imagens demais, na mídia, de guerras e etnocídios longínquos? Talvez, mas o crescimento das coalizões de raiz pela mudança, equidade e saúde numa base mundial sugere que a faculdade humana da empatia a distância ainda não se esgotou. Será o concomitante crescimento do enorme tráfico mundial de armas que liga armas portáteis e Kalashnikovs ao mercado oficial, de estado para estado, de foguetes, tanques e sistemas de radar numa imensa e sombria variedade de negócios? Sim, mas isso só nos informa quanto às causas necessárias para a violência global e não quanto às causas suficientes.

Ou estaremos em meio a uma vasta correção global malthusiana, que opera por meio das linguagens de minoritização e etnização mas armada funcionalmente para preparar o mundo para os ganhadores da globalização, suprimindo o ruído inconveniente dos perdedores? Será essa uma vasta forma daquilo que podemos chamar de econocídio, uma tendência mundial (cujas operações não são mais perfeitas do que as do mercado) para preparar o desaparecimento dos perdedores no grande drama da globalização? Um roteiro assustador, mas que, felizmente, não apresenta evidências plausíveis, em parte porque os maiores tiranos e criminosos do mundo aprenderam as linguagens da democracia, da dignidade e dos direitos.

O que acontece, portanto, com as minorias que parecem atrair novas formas e escalas de violência em muitas partes diferentes do mundo? O primeiro passo para uma resposta é que tanto minorias quanto maiorias são produtos de um mundo visivelmente moderno de estatísticas, censos, mapas populacionais e outros instrumentos de estado criados principalmente a partir do século XVII. Minorias e maiorias emergem explicitamente do processo de desenvolver ideias de número, representação e direito de voto em lugares afetados pelas revoluções democráticas do século XVIII, incluindo espaços-satélite no mundo colonial.

Assim, as minorias são uma categoria social e demográfica recente e, hoje, elas geram novas preocupações sobre direitos (humanos ou não), sobre cidadania, sobre fazer parte e ser autóctone e sobre titularidade de direitos concedidos pelo estado (ou por seus vestígios fantasmas). E elas suscitam novas maneiras de examinar as obrigações dos estados, bem como os limites da humanidade política, pois pertencem à área cinzenta incômoda situada entre os cidadãos propriamente ditos e a humanidade em geral. Não surpreende que pessoas consideradas "insuficientes" pelas outras (como, por exemplo, os deficientes físicos, os velhos e os doentes) sejam frequentemente os primeiros alvos da marginalização ou da limpeza. É útil observar que a Alemanha nazista procurou eliminar todas essas categorias (simbolizadas pela figura do judeu).

As minorias, porém, não surgem pré-fabricadas. Elas são produzidas nas circunstâncias específicas de cada nação e de cada nacionalismo. Frequentemente são portadoras de lembranças indesejáveis dos atos de violência que produziram os estados existentes, da convocação militar forçada ou da expulsão violenta à medida em que novos estados se formavam. E, além disso, como demandantes fracos dos direitos concedidos pelo estado ou como drenos dos recursos altamente contestados do país, elas também lembram os fracassos de vários projetos de estado (socialista, desenvolvimentista e capitalista). Elas são as marcas do fracasso e da coação. São um constrangimento para qualquer imagem, patrocinada pelo estado, de pureza nacional e justiça do estado. São, portanto, bodes expiatórios no sentido clássico.

Qual é, contudo, o status especial de tais bodes expiatórios na era da globalização? Afinal, estrangeiros, doentes, nômades, dissidentes religiosos e semelhantes grupos sociais menores sempre têm sido alvo de preconceito e xenofobia. Sugiro, aqui, uma hipótese única e simples. Dado o compromisso sistêmico da soberania econômica nacional que está inserido na lógica da globalização, e dada a tensão crescente que isso exerce sobre os estados para que se comportem como fiéis depositários dos interesses de um "povo" confinado e definido territorialmente, as minorias são a esfera principal para onde deslocar as angústias de muitos estados sobre sua própria minoria ou marginalidade (real ou imaginária) num mundo de poucos megaestados, de fluxos econômicos desgovernados e soberanias comprometidas. As minorias, em suma, são metáforas e lembranças da traição ao projeto nacional clássico. E é essa traição — na verdade enraizada no fracasso do estado-nação em preservar sua promessa de ser o curador da soberania nacional — que subscreve o impulso global de expulsar ou eliminar as minorias. E isso também explica porque forças militares do estado frequentemente se envolvem no etnocídio intraestado.

É claro que cada caso de violência interna contra minorias também tem sua sociologia realista de expectativas crescentes, mercados cruéis, agências estatais corruptas, intervenções arrogantes vindas do exterior e histórias profundas de suspeitas e ódios internos esperando serem mobilizados. Isso, porém, só explica as personagens. Precisamos procurar o enredo em outro lugar. E o enredo — global em sua força — é produto do medo justificado de que o jogo mundial real escapou da rede de soberania nacional e diplomacia entre nações.

Ainda, por que as minorias são alvo desse padrão mundial? Aqui podemos voltar ao argumento antropológico clássico de Mary Douglas de que "sujeira é matéria fora do lugar" e que todas as taxonomias morais e sociais acham repulsivas as coisas que tornam nebulosas suas fronteiras (1966). Minorias do tipo que descrevi — os enfermos, os dissidentes religiosos, os deficientes, os que se deslocam muito, os ilegais e os malquistos no espaço do estado-nação — tornam nebulosas as fronteiras entre "nós" e "eles", aqui e ali, dentro e fora, sadio e doente, leal e desleal, *necessário* porém *não bem-vindo*. Esse último par é a chave do enigma. De um jeito ou de outro, precisamos dos grupos "menores" em nossos espaços nacionais — nem que seja só para limpar nossas latrinas e travar nossas guerras. Certamente, contudo, eles também são mal recebidos por causa de suas ligações e identidades anômalas. E é nessa dupla qualidade que encarnam o problema central da própria globalização para muitos estados-nação: são, ao mesmo tempo, necessários (ou, no mínimo, inevitáveis) e mal recebidos. São, ao mesmo tempo, nós (podemos ser donos deles, controlá-los e usá-los, na visão otimista) e não-nós (podemos evitá-los, rejeitá-los, viver sem eles, negá-los e eliminá-los, na visão pessimista). Assim, desse ponto de vista, a globalização da violência contra as minorias faz o papel de uma profunda angústia quanto ao projeto nacional e sua própria ligação ambígua com a globalização. E a globalização, sendo uma força sem rosto, não pode ser objeto de etnocídio. As minorias, contudo, podem.

Para colocar de modo mais geral, e esse é um argumento que será mais extensamente elaborado no capítulo 4, as minorias são o mais baixo ponto de ignição para uma série de incertezas que servem de mediadores entre a vida cotidiana e um pano de fundo global que muda rapidamente. Elas criam incertezas sobre o eu nacional e a cidadania nacional por causa de sua condição mista. Seu status legalmente ambíguo exerce pressão sobre as constituições e os ordenamentos legais. Seus movimentos são uma ameaça para o policiamento das fronteiras. Suas transações financeiras borram as linhas entre economias nacionais e entre transações legais e criminosas. Suas línguas exacerbam as preocupações com a coerência cultural da nação. Seu estilo de vida é um modo fácil para deslocar as tensões amplamente espalhadas pela sociedade, especialmente na sociedade urbana. Suas políticas têm a tendência de serem multifocais; portanto, são sempre fonte de ansiedade para os estados que privilegiam a segurança. Quando são ricas, elas fazem surgir o espectro da globalização da elite, operando como seus mediadores párias. E quando são pobres, são símbolos convenientes do fracasso de muitas formas de bem-estar. Acima de tudo, uma vez que quase todas as ideias de nação e povo baseiam-se em alguma ideia de singularidade ou pureza étnica e a supressão das lembranças da pluralidade, as minorias étnicas borram os limites de um povoamento nacional. Essa incerteza, exacerbada pela inabilidade de muitos estados em garantir a soberania econômica nacional na era da globalização, pode se traduzir numa falta de tolerância de todo tipo quanto ao coletivo estrangeiro.

É difícil saber quem poderá emergir como o alvo minoritário, o estrangeiro malfadado. Em alguns casos, a resposta parece óbvia; em outros, nem tanto. E isso porque as minorias não nascem, mas são feitas, em termos históricos. Em suma, é através de escolhas e estratégias específicas, muitas vezes feitas pelas elites do estado ou por líderes políticos, que determinados grupos, que ficavam invisíveis, são transformados em visíveis como minorias contra as quais podem-se desencadear campanhas caluniosas, que levam a explosões de etnocídio. Portanto, em vez de dizer que as minorias produzem violência, seria melhor dizer que a violência, especialmente no âmbito da nação, requer minorias. E essa produção de minorias exige que se desenterrem algumas histórias e se enterrem outras. Esse processo é que explica as maneiras complexas com que choques e questões globais "implodem" gradualmente em nações e localidades, frequentemente na forma de violência paroxística em nome de alguma maioria. Um caso clássico é o processo pelo qual os sikhs na Índia foram gradualmente transformados numa minoria problemática (Axel, 2001). Esse não foi o resultado de qualquer forma simples de política populacional. Ele se baseou num longo século XX de políticas regionais e nacionais e foi, finalmente, produzido na violência de 1984, no assassinato de Indira Gandhi, na campanha de contrainsurgência do estado contra separatistas sikhs e na carnificina dos levantes de 1984 em Delhi e outros lugares. Pode-se argumentar que, de fato, foi o desencadear maciço da violência estatal e popular contra os sikhs em 1984 que produziu os sikhs como minoria cultural e política, cujo pequeno componente terrorista próprio adquiriu uma sacralidade geral depois daqueles eventos. Assim, no decurso de um século (alguns diriam de uma década), uma categoria que era considerada um auxiliar militante do mundo hindu transformou-se em seu mais perigoso inimigo interno por pelo menos uma década depois de 1984.

Consideremos uma última reflexão sobre as ligações entre a globa-lização e a violência contra minorias. Essa conexão força-nos a realizar o mais difícil dos exercícios analíticos, que é o de mostrar como forças de grande velocidade, escala e alcance (isto é, os processos da globalização), que são também, de diversos modos, muito abstratas, podem ser vinculadas à violência corporal do tipo mais íntimo, emoldurada pela familiaridade de relacionamentos cotidianos, do conforto gerado pela vizinhança e dos vínculos da intimidade. Como pode amigo matar amigo, vizinho matar vizinho e até parente matar parente? Essas novas formas de violência na intimidade parecem especialmente inexplicáveis numa era de tecnologias velozes, instrumentos financeiros abstratos, formas remotas de poder e fluxos em grande escala de técnicas e ideologias.

Um modo de deslindar o horror do crescimento mundial da violência corporal na intimidade dentro do contexto do aumento da abstração e circulação de imagens e tecnologias é considerar que o relacionamento não é nem um pouco paradoxal. O corpo, especialmente o corpo minoritário, pode ao mesmo tempo ser o espelho e o instrumento daquelas abstrações que mais tememos. As minorias e seus corpos são, afinal, os produtos de altos graus de abstração da operação de contar, classificar e pesquisar populações. Assim, o corpo da minoria produzida historicamente combina as seduções do familiar e as reduções ao abstrato na vida social, permitindo que os medos do global sejam incorporados por ele e, quando situações específicas ficam sobrecarregadas de ansiedade, que esse corpo seja aniquilado. Certamente, precisamos entender muitos processos e eventos específicos a fim de passar do ímpeto vertiginoso do global, para o calor íntimo da violência local. Eis, porém, uma possibilidade a ser considerada: aquela parte do esforço para diminuir a velocidade do giro global e seu aparente grande alcance traduz-se em detê-lo, torná-lo menor no corpo ferido do membro da minoria. Nessa perspectiva, tal violência não se refere a antigos ódios e medos primitivos. É um esforço para exorcizar o novo, o emergente e o incerto, um nome disso sendo "globalização".

O relacionamento entre as categorias da maioria e da minoria, especialmente nas democracias liberais, é escorregadio e volátil. Seu relacionamento especial com a violência globalizada será examinado mais de perto no capítulo seguinte.

4. O MEDO AO PEQUENO NÚMERO

Existe um enigma básico em torno da raiva em relação às minorias num mundo globalizado. O enigma é sobre por que os números relativamente pequenos, que dão à minoria do mundo seu significado mais simples e, em geral, implicam fraqueza política e militar, não impedem que as minorias sejam objeto de medo e de raiva. Por que matar, torturar e encerrar os fracos em guetos? Essa é uma pergunta relevante sobre a violência étnica contra pequenos grupos em qualquer época da história (Hinton, 2002). Aqui, irei abordar esse enigma com referência especial à era da globalização, especialmente a partir do final dos anos 1980 até o presente.

Medo aos fracos

A questão histórica comparativa, em todo caso, não se aplica a toda a história humana, uma vez que minorias e maiorias são invenções históricas recentes, essencialmente vinculadas a ideias sobre nação, população, representação e enumeração, que não têm mais do que alguns séculos de idade. Hoje elas são também ideias *universais*, uma vez que as técnicas de contar e classificar e de participação política que são subjacentes às ideias de maioria e minoria estão associadas, em todas as partes, ao estado-nação moderno.

A ideia de uma maioria não precede nem independe daquela de uma minoria, especialmente nos discursos de políticos modernos. As maiorias são tanto produto da enumeração e denominação política quanto as minorias. Com efeito, as maiorias precisam das minorias para existir, ainda mais do que o contrário.

O primeiro passo, portanto, para abordar por que os fracos são temidos, como acontece em muitas situações étnico-nacionalistas, é voltar à questão "nós/eles" da teoria sociológica elementar. Nessa teoria, a criação do coletivo *os outros*, ou *eles*, é um requisito, por meio da dinâmica de estereótipos e contraste de identidades, que ajuda a definir limites e marca o alcance das dinâmicas do nós. Esse aspecto da teoria do bode expiatório, do estereótipo e do outro desenvolve-se a partir daquela espécie de interação simbólica que ficou explícita nas obras de Cooley e Mead, mas que também é totalmente central ao núcleo do entendimento de Freud sobre dinâmica de grupo, inclusive seu ensaio clássico sobre o narcisismo das diferenças menores (que discutirei mais adiante neste capítulo).

Nessa tradição sociológica, o entendimento do processo que cria o "nós" é limitado, uma vez que é visto como um produto mecânico secundário do processo que cria o "eles". O processo requer contrastes simples e limites nítidos que ajudam a consolidar as identidades "nós". A criação dos "nós", da pessoa coletiva, recebe tratamento sumário nessa tradição, já que é considerada sociologicamente natural e dispensa um pensamento mais profundo. A corrente principal da teoria sociológica, especialmente em relação à formação de grupos, não explora o papel do conflito (como na tradição de Simmel) ou da religião (na tradição de Durkheim) ou do interesse antagônico (como na tradição de Marx) na construção de identidades coletivas. Embora essas tradições lancem, de fato, alguma luz na formação das identidades "nós" como processo parcialmente independente, sem referência à dialética do nós/eles, elas não tendem, contudo, a refletir profundamente sobre a formação daquilo que em outro lugar chamei de "identidades predatórias" (2000a).

Identidades predatórias

Defino como "predatórias" aquelas identidades cuja mobilização e construção social requerem a extinção de outras categorias sociais próximas, definidas como ameaças à própria existência de algum grupo, definido como "nós". As identidades predatórias emergem, periodicamente, de pares de identidades, algumas vezes de conjuntos maiores do que dois, que têm longas histórias de contato próximo, mistura e algum grau de mútuos estereótipos. A violência ocasional pode ou não ser parte dessas histórias, mas algum grau de identificação contrastante sempre está envolvido. Um dos membros do par ou do conjunto frequentemente torna-se predatório ao mobilizar um entendimento de si mesmo como uma maioria ameaçada. Esse tipo de mobilização é o passo-chave para transformar uma identidade social benigna numa identidade predatória.

A transformação de um *ethnos* numa nação moderna com frequência fornece a base para o surgimento de identidades predatórias, identidades que reivindicam a extinção de outra coletividade para sua própria sobrevivência. Identidades predatórias quase sempre são identidades majoritárias. Isto é, elas se baseiam em reivindicações sobre, e a favor de, uma maioria ameaçada. De fato, muitas vezes são pretensões sobre maiorias culturais que procuram estar exclusiva ou exaustivamente ligadas à identidade da nação. Algumas vezes essas reivindicações são feitas em termos de maiorias religiosas, como hindus, cristãos ou judeus, e, outras vezes, o são em termos de língua, raça ou outro tipo de maioria, como alemães, indianos ou sérvios. O discurso dessas maiorias mobilizadas frequentemente traz em seu interior a ideia de que a própria maioria poderia virar minoria a menos que outra minoria desapareça, e, por essa razão, grupos predatórios usam com frequência argumentos pseudodemográficos sobre crescentes taxas de natalidade das minorias inimigas visadas. Assim, identidades predatórias surgem naquelas circunstâncias em que maiorias e minorias possivelmente podem ser vistas como estando em perigo de trocar de lugar. Essa reciprocidade interna é um aspecto central desta análise e será abordada de novo mais adiante neste capítulo.

Identidades predatórias emergem da tensão entre identidades majoritárias e identidades nacionais. As identidades podem ser descritas como "majoritárias" não simplesmente quando são invocadas por grupos objetivamente maiores de um regime político nacional, mas quando lutam para fechar a brecha entre a maioria e a pureza da nação toda. Esse é um ponto-chave sobre as condições em que as identidades tornam-se predatórias. Identidades majoritárias que mobilizam com sucesso o que chamei antes de *ansiedade da incompletude* sobre sua soberania podem se transformar em predatórias. Nesse sentido, a incompletude não é apenas em relação ao controle efetivo ou à soberania na prática, porém, mais importante, sobre a pureza e suas relações com a identidade.

No capítulo anterior, mencionei as contribuições de Mary Douglas para o tema da pureza e identidade categorial. Suas intuições podem ser ampliadas para notar que as identidades predatórias, especialmente quando estão associadas ao majoritarianismo, florescem na brecha entre o sentido de maioria numérica e a fantasia da pureza e da integridade nacional. Em outras palavras, identidades predatórias são produto de situações em que a ideia de um povo nacional reduz-se, com êxito, ao princípio da singularidade étnica, de modo que até a existência da menor minoria dentro das fronteiras da nação é vista como uma deficiência intolerável na pureza do todo nacional. Em tais circunstâncias, a própria ideia de ser uma maioria representa uma frustração, uma vez que implica algum tipo de difusão étnica no povo nacional. As minorias, como lembra esse defeito pequeno porém frustrante, desencadeiam a ânsia de purificar. Esse é um elemento básico de uma resposta para a pergunta: por que os pequenos números conseguem incitar a fúria? Os pequenos números representam um obstáculo muito pequeno entre a maioria e a totalidade ou a total pureza. Num certo sentido, quanto menor o número e mais fraca a minoria, mais profunda é a fúria em relação a sua capacidade de fazer que a maioria se sinta como uma mera maioria e não como um *ethnos* inteiro e incontestável.

O exemplo mais notado no século XX desse senso de pureza frustrada é, claro, a mobilização da germanidade como identidade predatória contra os judeus. Muitos estudiosos têm argumentado efetivamente que, especialmente no que diz respeito aos membros judeus assimilados da burguesia alemã, foi possível, mesmo em pleno período do poder nazista, acreditar que eram judeus num sentido totalmente secundário e que, em todos os aspectos importantes, eram completamente alemães. Ao contrário, é possível argumentar que, longe de ser uma mobilização bem sucedida de um aspecto contínuo, inalterado, codificado nacionalmente do povo alemão, o antissemitismo tinha de ser mobilizado e redespertado com regularidade através de campanhas poderosas de propaganda racial e política, pelas quais os judeus podiam ser vistos como não alemães ou antialemães. A contribuição especial dos nazistas às complexas tradições do antissemitismo europeu tem sido identificada, por alguns importantes estudiosos, pela inserção do racismo científico e as ideias que o acompanham a respeito de eugenia e demografia em formas anteriores de criação de estereótipos religiosos e sociais.

Até mesmo Daniel Goldhagen (1996), que, por outro lado, cria uma imagem notavelmente racializada das identidades dos "alemães comuns", admite que os nazistas fizeram novas contribuições críticas para a definição e mobilização da germanidade como identidade de uma maioria ameaçada, especialmente pelo câncer racial (também uma figura de linguagem nazista) dos judeus. Seja qual for o status dos argumentos de Goldhagen sobre o que ele chamou de "antissemitismo eliminacionista" e sua mobilização dentro da vasta maioria de alemães comuns, a maior fraqueza do livro é sua recusa em reconhecer sua própria evidência massiva, não tanto de uma forma profunda, primordial e dura de antissemitismo entre os alemães, tomada com sucesso pelos nazistas para o projeto de eliminar todos os judeus da face da terra, mas da quantidade extraordinária de energia que foi necessária para transformar tantos cidadãos alemães em instrumentos da Solução Final.

O enorme aparelho de espetáculo e mídia nazistas, a circulação incansável de propaganda racializada e boatos espalhados oficialmente, e performances que atualizavam seus projetos no ato (e em que populações judias degradadas eram vistas como prova das qualidades sub-humanas dos judeus) foram um feito notável de engenharia política atuante e ideológica. Até em si mesmas elas poderiam ser vistas como prova do esforço necessário para construir um consenso nacional bem sucedido em favor da campanha contra os judeus como plataforma central do Terceiro Reich. Também se poderia argumentar que o engajamento de civis em vários tipos de batalhões policiais, campos de extermínio e marchas forçadas, que eram parte da maquinária da Solução Final, estava em si mesmo incluído nas ações performativas políticas massivas pelas quais os judeus eram transformados, com êxito, em sub-humanos e aqueles alemães que estavam diretamente envolvidos eram atraídos, pela ação violenta, ao consenso sobre os judeus como imundície nacional.

Muito mais poderia ser dito sobre o antissemitismo nazista e o projeto nacional mais amplo do Nacional-Socialismo. Para as finalidades dessa argumentação, o ponto principal é que, uma vez definido o projeto de germanidade em termos étnico-raciais e passando a estar em jogo a lógica da pureza, várias minorias transformaram-se em alvos da fúria contra a pureza incompleta: os homossexuais, os velhos e os enfermos, os ciganos e, acima de tudo, os judeus. Os judeus foram pintados na propaganda nazista como representantes de vários tipos de ameaças sociais, políticas e econômicas, mas foram vistos, acima de tudo, como um câncer, um problema para a pureza do sangue ariano-germânico, para o projeto quase perfeito de um *ethnos* nacionalmente puro e imaculado. A identidade alemã, do modo como foi mobilizada pelos nazistas, exigia a eliminação completa dos judeus do corpo social alemão e, uma vez que o projeto alemão era um projeto de dominação mundial, exigia sua eliminação no mundo todo.

O projeto nazista de eliminar muitas minorias da face da terra também lança luz sobre outro aspecto do modo como identidades predatórias são mobilizadas. Nesse caso, talvez pela primeira vez na história da humanidade, dois impulsos contraditórios foram mobilizados no projeto do genocídio. O primeiro foi o lado mecânico, tecnológico e burocrático do projeto, apreendido pela memorável frase de Hannah Arendt sobre a "banalidade do mal" (Arendt, 1963). O segundo, entretanto, é a degradação, os maus-tratos e a violência horrivelmente íntima que foi infligida pelos soldados, recrutas, guardas dos campos, milícias e cidadãos comuns alemães em todo nível e em todo lado da Solução Final. Essa é a intimidade contraditória gerada pelas identidades predatórias. Um modo de entender essa contradição é que reduzir as populações-alvo a estados sub-humanos facilita o trabalho do assassinato em larga escala ao distanciar assassinos dos assassinados e ao fornecer uma prova por si só do argumento ideológico de que as vítimas são sub-humanas, vermes, insetos, escória, lixo e, contudo, uma parte cancerosa do valioso corpo da nação.

Existem, entretanto, mais aspectos da degradação que frequentemente acompanha a violência genocida em grande escala. Eu sugeriria que é precisamente o pequeno tamanho da brecha que separa a totalidade da nação da presença minoritária o que produz a ansiedade da incompletude e cria a frustração e a fúria que dão impulso àquelas formas de degradação que mais nos chocam, da Alemanha nazista a Ruanda, de Kosovo a Mumbai. Mais uma vez devemos rever alguns argumentos sobre o narcisismo das pequenas diferenças, o que farei mais adiante neste capítulo.

O exemplo nazista pode parecer um caso extremo que tem pouco em comum com os recentes majoritarianismos liberais como os da Índia,

Paquistão, Inglaterra ou Alemanha (entre outros), todos mais abertos às diferenças sociais do que eram os nazistas. A ideologia hindutva na Índia, por exemplo, a ideologia dos "filhos do solo" na Malásia ou várias ideologias de cidadania na Europa poderiam ser vistas como majoritarianismos liberais, isto é, como majoritarianismos que procuram ser inclusivos. Serão esses majoritarianismos fundamentalmente diferentes daqueles mais "totalitários" que os nazistas instalaram na Alemanha nos anos 1930 e 1940? Minha sugestão é de que todo majoritarianismo leva dentro de si as sementes do genocídio, uma vez que está invariavelmente ligado a ideias sobre a singularidade e a completude do *ethnos* nacional.

A questão difícil é estabelecer como e em que condições os majoritarianismos liberais podem se transformar em não liberais e potencialmente genocidas. Quando o fato da pureza nacional incompleta se torna suscetível de tradução e mobilização a serviço da construção de uma identidade predatória? Há dois modos de responder essa pergunta sem entrar num elaborado estudo empírico de causas, condições e comparações. O primeiro é sugerir que o pensamento liberal tem uma ambivalência fundamental sobre a legitimidade de coletividades como agentes políticos e, como resultado, está sempre aberto à manipulação de argumentos sobre qualidade disfarçados como argumentos sobre quantidade. Essa abordagem é explorada mais adiante neste capítulo.

O segundo é uma resposta mais genericamente histórica e provisória à pergunta sobre quando é que a condição de pureza incompleta gera argumentos para o genocídio. Os ingredientes históricos para essa transformação ou ponto de inflexão parecem incluir o seguinte: a tomada do estado por partidos ou outros grupos que apostaram suas fichas políticas em algum tipo de ideologia nacionalista racializada; a disponibilidade de técnicas e instrumento de recenseamento que encorajam comunidades enumeradas a se transformar em normas para a ideia da própria comunidades; uma perceptível falta de ajuste entre fronteiras políticas e populações e migrações de comunidades, fornecendo um estado de alerta em relação a grupos étnicos abandonados pela política ou a estrangeiros étnicos que sustentam ser parentes nossos; e uma campanha bem sucedida de medo, dirigida às maiorias numéricas, que as convence de que estão correndo risco de destruição pelas minorias, que sabem como usar a lei (e todo o aparelho da política liberal-democrática) para alcançar suas próprias finalidades. A esses fatores, a globalização acrescenta suas energias específicas, que serão discutidas no final deste capítulo. Tal conjunto de fatores não pretende ser exaustivo nem prever o futuro. Sua finalidade é sugerir que o projeto nazista pode ter sido extraordinário em sua consistência e no alcance de sua imaginação genocida. Como ideologia majoritária transformada em predatória, porém, ela não nos permite imaginar que o liberalismo esteja imune às condições que produzem o genocídio pela maioria. A Índia das últimas duas décadas é um caso exemplar dessa última possibilidade.

O caso do nazismo certamente nos convida a ver o modo como identidades predatórias são formadas e reconhecer que a teoria reflexiva do outro, em que bodes expiatórios (muitas vezes minorias) são vistos como um requisito funcional para a construção de sentimentos do que é próprio do "nós", é tanto mecânico quanto tendencioso. A mobilização de sentimentos de pertencer a um "nós", especialmente na forma vigorosa que chamei aqui de "predatória", depende das tensões entre ideias da sagrada integridade do demos nacional e a ideia estatística de uma maioria. O majoritarianismo floresce onde as maiorias são tomadas pela fantasia da pureza nacional, naquela região em que a quantidade encontra — mas não define completamente — a qualidade. Essa questão descerra outra dimensão do problema dos pequenos números, que é a ligação entre número, quantidade e voz política.

O NÚMERO NA IMAGINAÇÃO LIBERAL

Os números têm um lugar ambivalente na teoria social liberal, e a relação entre números e categorias está hoje no âmago de algumas tensões centrais entre a teoria social liberal e as normas democráticas. A questão das maiorias no moderno estado-nação permite que examinemos essas tensões de modo produtivo. Sob um certo ponto de vista, o número crítico, para a teoria social liberal, é o número um, que é o signo numérico do indivíduo. Na medida em que o indivíduo está no núcleo normativo do liberalismo e é o fundamento compartilhado até mesmo entre liberalismos rivais, o número "um" é o menor número importante para o liberalismo. Sendo o menor número inteiro, o número "um" tem uma série de propriedades que interessam à matemática, mas, para a teoria social liberal, ele é em algum sentido o único número importante, além do zero. O número zero é quase tão importante porque é a chave para converter números inteiros em centenas, milhares, milhões etc. Em outras palavras, o zero é a chave numérica da ideia de massas, que é uma das categorias em torno das quais os pensamentos liberal e democrático se separam. Lenin é citado como tendo dito: "A política é onde estão as massas, não onde há milhares, mas onde há milhões, ali é onde começa a política a sério" (Merton e Sills, 2001).

Muito pensamento liberal imagina os grandes grupos como um agregado de indivíduos (isto é, de infinitas combinações do número um). Uma parte significativa da tradição utilitária no pensamento liberal, de Bentham a Rawls, tenta imaginar a vida coletiva como organizada em torno de formas cumulativas de tomadas de decisão que privilegiam o indivíduo ou um número de pessoas não maior do que um. Desse modo, o pensamento liberal, tanto em termos de teorias da representação, do bem coletivo e da ciência social, imagina o agregado de indivíduos como sendo constituído pela soma de grandes conjuntos de números um. Em outras palavras, o surgimento das coletividades, nas tradições centrais do pensamento liberal, é uma questão de agregação de interesses e agentes singulares procurando soluções para o fato de serem forçados a interagir uns com os outros. É claro que esse é apenas um modo de reafirmar a caracterização-padrão dos modelos de mercado na economia clássica e as imagens da vida coletiva por trás delas. Nesse sentido, o pensamento liberal imagina as coletividades como sendo formas sociais cuja lógica, motivos e dinamismo sempre podem ser inferidos de algum método para entender a acumulação dos indivíduos interessados.

Para o pensamento liberal, desde o começo, o problema da democracia é a possibilidade de que ela poderia encorajar a legitimidade política dos grandes números. O forte contraste entre o povo e as massas é constituído, no pensamento liberal, em torno do que acontece com o número "um" quando muitos zeros lhe são acrescentados. A ideia das massas (como no livro clássico de Ortega y Gasset, *A revolta das massas*) está associada, no pensamento liberal, aos grandes números que perderam as racionalidades incrustradas no indivíduo, no número um. Assim, as massas são sempre vistas como o produto e a base do fascismo e totalitarismo, tanto por causa da sensação de serem compostas por não indivíduos (ou indivíduos que perderam sua capacidade mental para exercer seus próprios interesses racionais) quanto por causa da sensação de uma coletividade orquestrada por forças externas a ela, como um estado, um ditador ou um mito, que não foi produzida pela interação proposital entre indivíduos. A citação de Lenin apreende precisamente o que o pensamento liberal teme em relação aos grandes números. É por causa dessa afinidade potencial entre os grandes números e o nascimento das massas que muito pensamento liberal tem sido corretamente caracterizado como um medo aos grandes números. Isso parece intuitivamente claro. Então, onde se encaixa o medo aos *pequenos* números?

Exceto pelo número um, que é um caso especial, os pequenos números são perturbadores para o pensamento social liberal por várias razões. Primeiro, os pequenos números estão associados a oligopólios, elites e tiranias. Eles sugerem a possibilidade do que hoje é chamado da "tomada pela elite" dos recursos, privilégios e da própria capacidade de mediação. Os pequenos números também são fonte de preocupação porque levantam o fantasma da conspiração, da célula, do espião, do traidor, do dissidente ou revolucionário. Os pequenos números introduzem o privado na esfera pública, e, com ela, os perigos correlatos do nepotismo, conivência, subversão e engano. Eles abrigam o potencial para o segredo e a privacidade, ambos anátemas para as ideias de publicidade e transparência que são vitais para as ideias liberais de comunicação racional e deliberações às claras.

Num aspecto mais amplo, os pequenos números sempre carregam a possibilidade do que, no vernáculo liberal dos Estados Unidos, é chamado de "interesses especiais" e, assim, põem em risco alguma ideia dos "interesses gerais", que se acredita sejam mais bem servidos quando os indivíduos deliberam ou negociam como indivíduos *com todos os outros indivíduos* na comunidade política, por meio de algum claro mecanismo de representação.

As minorias são o único caso destacado dos pequenos números que desperta simpatia em vez de desconfiança na imaginação liberal, e isso acontece porque elas personificam aquela pequenez numérica cujo exemplo principal é o número um, o indivíduo. Assim, uma vez que o pensamento liberal torna-se intimamente relacionado à democracia baseada em eleições e a procedimentos decisórios na legislação, a ideia de minoria adquire um enquadramento poderoso (como na grande consideração demonstrada em relação às opiniões da minoria pela Corte Suprema dos Estados Unidos). De fato, a ideia de uma minoria, em sua genealogia política, não é uma ideia ética ou cultural, mas, sim, de procedimento, tendo a ver com opiniões dissidentes em contextos deliberativos ou legislativos dentro de uma moldura democrática. Assim, na história do pensamento liberal, o interesse positivo pelas minorias e suas opiniões tem muito que ver com discordância e pouco que ver com diferença. Essa distinção é uma contribuição importante para o medo contemporâneo às minorias e exige um exame cuidadoso.

Dissidência e diferença nos regimes contemporâneos

O valor positivo inicial vinculado às minorias no pensamento liberal do Ocidente é de natureza fundamentalmente processual, de procedimento. Tem que ver com a valorização do debate racional, do direito de dissentir, do valor da dissidência como sinal do valor maior da livre manifestação de opinião e da liberdade de expressar opiniões discordantes em questões de importância pública, sem medo de represálias. A constituição dos Estados Unidos talvez seja o melhor lugar para examinar como a dissidência é essencial para a própria ideia de liberdade. Se não tomarmos cuidado, entretanto, poderemos inverter o curso da história e situar um desenvolvimento relativamente recente, que podemos chamar de dissidência *substantiva* (por exemplo, o direito de manifestar opiniões moralmente monstruosas, o direito de criticar as políticas do estado ou o direito de questionar as opiniões religiosas da maioria), daquilo que podemos chamar de dissidência de *procedimento*, que é o contexto original para o valor positivo atribuído às minorias, e especialmente à opinião da minoria. A palavra-chave, aqui, é opinião, pois as minorias de procedimento não são minorias culturais ou sociais, são minorias temporárias, minorias exclusivamente de e por causa de uma opinião. Minorias sociais e culturais, que podemos chamar de minorias subtantivas, são minorias permanentes, minorias que se tornaram sociais e não apenas de procedimento.

Se olharmos para a história das leis e ideias ocidentais que se referem a minorias, elas assumem toda sua força liberal principalmente depois do nascimento das Nações Unidas e nas várias convenções referentes aos direitos humanos produzidas depois do nascimento das Nações Unidas. É claro que há várias ideias aqui e ali sobre proteção às minorias antes da formação da ONU, mas foi apenas na segunda metade do século XX, à medida que os direitos humanos se transformaram na principal moeda de troca para a negociação de acordos internacionais sobre os direitos elementares de toda a humanidade, que as minorias sociais substantivas tornaram-se os focos críticos das preocupações constitucionais e políticas em muitas democracias pelo mundo todo. Os direitos das minorias, vistos sob o título mais amplo de direitos humanos, adquiriram uma credibilidade notavelmente ampla durante esse período e, em diferentes situações nacionais, tornaram-se a base para grandes batalhas jurídicas e constitucionais sobre cidadania, justiça, participação política e igualdade.

Esse processo, em que as minorias sociais e culturais passaram a ser vistas universalmente como titulares de direitos reais ou potenciais, esconde uma transferência, muito pouco teorizada ou mesmo não prevista, do valor normativo das minorias de procedimento e das minorias temporárias para as minorias substantivas, que muitas vezes se tornaram coletividades sociais e culturais permanentes.

Esse deslocamento não intencional da preocupação liberal com a proteção das opiniões das minorias de procedimento (como minorias em tribunais, conselhos, parlamentos e outros corpos deliberativos) para os direitos de minorias culturais permanentes é fonte importante da ambivalência atual, profunda, sobre as minorias em democracias de todas as espécies. Os muitos debates sobre multiculturalismo nos Estados Unidos e na Europa, sobre nacionalidades subordinadas em várias partes da ex--União Soviética, sobre o secularismo na Índia, sobre os "filhos-da-terra" em muitos países da Ásia, sobre a qualidade de "autóctone" em muitas regiões da África e sobre os direitos dos "povos indígenas" por toda a América Latina e em lugares tão distantes quanto Nova Zelândia, Canadá, Austrália e Havaí, são diferentes de modos importantes. Têm em comum, todavia, uma preocupação quanto aos direitos de minorias culturais em relação a estados nacionais e a várias maiorias culturais, e sempre envolvem batalhas sobre direitos culturais pois relacionam-se à cidadania nacional e a questões ligadas ao *pertencer*. Em muitos casos, essas batalhas têm estado diretamente relacionadas ao surgimento de identidades étnicas predatórias e de esforços bem-sucedidos para mobilizar as maiorias para projetos de limpeza étnica ou etnocídio. Esses conflitos aceleraram-se durante os anos 1980 e 1990, durante os quais muitos estados-nação tiveram que negociar simultaneamente dois tópicos: a pressão para abrirem seus mercados aos investimentos, mercadorias e imagens estrangeiros e a pressão para gerenciar a capacidade de suas próprias minorias culturais para usar a linguagem globalizada dos direitos humanos de modo a sustentar suas próprias reivindicações por dignidade cultural e reconhecimento. Essa dupla pressão foi um aspecto que diferenciou os anos 90 e produziu uma crise, em muitos países, ligada ao sentimento das fronteiras nacionais, soberania nacional e pureza do *ethnos* nacional, e é a responsável imediata pelo aumento dos racismos majoritários em sociedades tão diferentes quanto a Suécia e a Indonésia, bem como Romênia, Ruanda e Índia.

Muçulmanos na Índia: apaziguamento e pureza

O caso da Índia é instrutivo em relação ao argumento sobre minorias substantivas e de procedimento que estive desenvolvendo. O estado-nação indiano foi formado em 1947 por meio de uma separação política que também produziu o Paquistão como um novo estado-nação, formado como um refúgio político para os muçulmanos que viviam no Império Indiano da Grã-Bretanha. Há muitas e opostas obras acadêmicas em torno da história da Partição, as políticas que levaram a isso e a geografia bizarra que produziu (com o Paquistão oriental e ocidental fazendo fronteira com uma Índia independente, de 1947 a 1973, quando o Paquistão oriental conseguiu se separar do Paquistão ocidental, daí nascendo Bangladesh, uma nação nova nas fronteiras orientais da Índia). Não irei tratar dessas questões políticas aqui, exceto para observar que isso produziu um permanente estado de guerra entre a Índia e o Paquistão; gerou a crise aparentemente insolúvel da Cachemira; criou um álibi para a identificação dos cidadãos muçulmanos indianos com seu maior inimigo além-fronteiras, o Paquistão, e lançou as bases para a atual crise indiana do secularismo.

A história dessa crise também é muito complexa para ser contada aqui. O que se deve mencionar é que, o hinduísmo e seus mobilizadores políticos desenvolveram uma política cultural durante os séculos XIX e XX, ao passo que o nascimento do Paquistão criou um novo vínculo entre o sentimento hindu do "nós", a preocupação constitucional com os direitos das minorias e a chegada ao poder de uma grande coalizão política hindu nos anos 1990. Essa coalizão, de partidos políticos e vários movimentos sociais a eles afiliados (algumas vezes chamada de Sangh Parivar), é virtualmente proporcional à exposição da Índia às pressões da globalização e foi marcada por dois dos mais horrendos ataques contra os muçulmanos na Índia desde os massacres da Partição: a destruição de Babri Masjid, uma mesquita muçulmana do norte da Índia, em 1992, precedida e seguida por uma onda de levantes genocidas contra a população muçulmana por toda a Índia, e o pogrom homicida contra muçulmanos no estado de Gujarat, em 2002. A década delimitada por esses eventos também foi testemunha da consolidação nacional de um grande corpo de opinião pública indiana, incluindo as classes médias instruídas e antes liberais, contra as ideias inclusivas, pluralistas e secularistas da constituição indiana e de Nehru, o primeiro e mais carismático primeiro-ministro da Índia. Em seu lugar, a coalizão dos movimentos de raiz e dos partidos políticos, liderados pelo Partido do Povo Indiano (o Partido Bharatya Janata, ou BJP), conseguiu criar um profundo vínculo entre a memória das humilhações hindus pelos dirigentes da Índia antes dos ingleses, o patriotismo duvidoso dos cidadãos indianos muçulmanos, a vontade conhecida que tem o Paquistão de destruir militarmente a Índia e o aumento das ações militantes por terroristas muçulmanos ligados às aspirações anti-Índia no contestado estado da Cachemira.

Estudiosos e jornalistas têm prestado muita atenção a essa história notável em que a maior democracia do mundo, nascida com uma constituição que dá uma notável atenção à inclusão religiosa, tolerância secular pelas diferenças religiosas e uma preocupação geral com a proteção dos "segmentos mais fracos" da sociedade, pôde se transformar, nos quarenta anos depois de seu nascimento, numa forma de regime político agressivamente hinduizado, que repetida e sistematicamente procurou identificar a Índia com os hindus e o patriotismo com a Hindutva (a hindu-idade). Esse desenvolvimento na Índia lança uma luz especial sobre o medo às minorias que merece ser examinado em detalhes.

Minha argumentação precisa reconhecer, nesse estágio, uma grande interrupção do mundo dos eventos políticos. Desde que o primeiro rascunho deste ensaio foi escrito, em outubro de 2003, e revisado, em agosto de 2004, ocorreu na Índia um acontecimento eleitoral importante e inesperado. A coalizão hindu de direita, liderada pelo BJP, foi estrondosamente derrotada nas últimas eleições gerais, e uma nova coalizão, liderada pelo Partido do Congresso, dos Nehrus, voltou ao poder. Essa extraordinária revolução democrática, não a primeira na história da Índia independente, chocou até mesmo os mais contidos críticos políticos (como ocorreu com a queda da União Soviética em 1989). Embora o significado dessa grande mudança ainda esteja sendo digerido pelos estudiosos, existe uma concordância geral entre a maioria dos analistas de que a derrota da coalizão BJP expressou duas mensagens. Uma foi que o eleitorado indiano (tanto rural quanto urbano) estava farto da mensagem da Hindutva e não a via como nenhum substituto para planos e políticas relativos à economia e à política cotidiana em nível local. A segunda foi que a metade inferior do eleitorado indiano (tanto rural quanto urbano) também estava farta de ver os benefícios da globalização serem consumidos por um pequeno grupo no circo corrente da corrupção estatal e do consumo da elite, com poucos benefícios tangíveis para ela mesma. Em outras palavras, a globalização insensível e a cínica mobilização antimuçulmana não eram mais plataformas viáveis para uma coalizão nacional. Assim, temos outro momento inovador na política indiana, em que o congresso e seus aliados se conduzem por um caminho difícil entre a justiça econômica e mercados globais e entre uma política localizada e baseada em castas e uma política maior, pós-étnica e pluralista.

Continua sendo crucial, contudo, perguntar por que muitos dos partidos políticos da Índia, uma parte significativa de sua população e um número chocante de intelectuais cosmopolitas, liberais, voltaram-se para a mensagem da Hindutva no período entre 1985 e 2004, período histórico que cobre um terço da história da Índia como nação independente. E a pergunta não é meramente histórica nem acadêmica. As forças do majoritarismo hindu não desapareceram simplesmente, e seus métodos, valores e técnicas ainda estão muito vivos na ordem política indiana. Estamos num momento de trégua e, para garantir que a conversão da política indiana em hindu fique no passado, precisamos ponderar sobre esse período com todo o cuidado possível.

A ascensão da Direita Hindu como coalizão política maior e majoritária e sua incorporação da opinião nacional predominante principalmente na década de 1980, depois de décadas de ser um conjunto fragmentado e marginal de movimentos políticos, esteve ligada a quatro grandes acontecimentos relativos à questão dos números e das minorias. Cada um desses acontecimentos tem algo instrutivo a dizer sobre outras nações e lugares pelo mundo.

O primeiro acontecimento teve que ver com minorias que estão ligadas a movimentos, identidades de redes globais. Os muçulmanos da Índia têm sido sempre acusados de serem mais leais ao mundo muçulmano mais amplo do que à Índia, e seus supostos vínculos sentimentais com o Paquistão (muitas vezes repudiados enfaticamente pelos muçulmanos indianos) sempre têm sido vistos como fazendo parte do contexto dos recursos e aspirações políticas do Islã global. Nos anos 1980, na Índia, a Direita Hindu interessou-se especialmente pelo fluxo de recursos vindos do Oriente Médio muçulmano para instituições religiosas e educacionais da Índia, argumentando que esse tipo de subsídio aos muçulmanos indianos precisava ser monitorado e restrito e que ele justificava uma política controversa pela reconversão encampada pela Direita Hindu, especialmente entre as populações rurais e tribais mais pobres, que supostamente teriam sido enganadas pelas forças do Islã global para se converterem à fé muçulmana. Tais reconversões foram também instituídas em relação às comunidades cristãs indianas e permanecem como uma plataforma principal para a violência de raiz e para a estratégia política da Direita Hindu hoje. Em suas primeiras manifestações nos anos 1980, essa batalha pelas conversões era avalizada pela invocação ao tamanho, poder e influência das forças e interesses islâmicos globais, vistos como os troianos escondidos dentro do número relativamente pequeno de muçulmanos nas comunidades indianas. Assim, dito em palavras nuas e cruas, o número relativamente pequeno dos muçulmanos na Índia era visto como uma máscara para o grande número de muçulmanos pelo mundo. Hoje, esse quadro do Islã militante, transnacional, foi virtualmente adotado pelo discurso sobre o terrorismo islâmico, especialmente logo depois do 11 de setembro.

No caso da Índia, esse quadro dos muçulmanos indianos como instrumentos (e objetos) de movimentos islâmicos globais (retratados, em geral, como violentos, antinacionais e anti-hindus) era sustentado pelo ainda corrente compromisso dos muçulmanos indianos de partir em Haj (uma peregrinação a Meca especialmente sagrada, vista como sendo desejável pelo menos uma vez na vida de qualquer muçulmano devoto) e pelo crescente trânsito, iniciado nos anos 1980, dos trabalhadores indianos (de todo tipo e classe) em direção aos reinos ricos em petróleo do Oriente Médio governados por sheiks, em especial Arábia Saudita, Dubai, Kuwait e Bahrain. Entre esses migrantes ao Golfo Pérsico havia um número significativo de muçulmanos indianos, embora existam poucos sinais de que isso seria mais do que uma opção econômica para eles. Apesar disso, o trânsito entre a Índia e o Golfo era fonte de muita ansiedade moral e política, que se manifestou em inovações burocráticas como a criação do escritório "O Protetor dos Imigrantes", agência governamental destinada a garantir que os trabalhadores indianos não estavam sendo exportados para o Golfo por motivos imorais ou fraudulentos. Num drama moral relacionado a isso, prestou-se muita atenção à prática crescente de casamentos arranjados entre homens árabes ricos (e muitas vezes mais velhos) do Golfo e mulheres muçulmanas (muitas vezes muito jovens) de famílias pobres nas comunidades muçulmanas empobrecidas em cidades como Hyderabad, Lucknow e Agra. Esse retrato da poligamia e depravação dos muçulmanos homens, tendo como alvo a já explorada comunidade de mulheres muçulmanas, circulou pela imprensa popular e por filmes comerciais como *Baazaar*, calculados para provocar os piores estereótipos desse mercado casamenteiro. É muitíssimo provável que essas imagens populares e comerciais do abuso das mulheres muçulmanas indianas pobres pelo dinheiro e por homens árabes velhos estivesse por trás da célebre controvérsia legal envolvendo uma mulher muçulmana chamada Shah Bano, que processou seu marido por pensão depois que ele se divorciou e a abandonou, de acordo com a lei pessoal muçulmana — um subconjunto do corpo especializado da lei aplicável a muitos aspectos da vida familiar e civil por diversas comunidades religiosas na Índia (Das, 1990).

O caso Shah Bano, que foi um dos mais noticiados dramas legais na Índia depois da independência, pôs em oposição o estado contra o judiciário, os hindus contra os muçulmanos, as feministas umas contra as outras, os secularistas contra os tradicionalistas. Também criou uma oposição profunda e prejudicial entre os interesses das mulheres e os das minorias (uma vez que a reivindicação de Shah Bano era contrária às leis consuetudinárias de família de sua própria comunidade). O caso deu todas as mostras de poder abalar a estabilidade do regime de Rajiv Gandhi, então primeiro-ministro da Índia, que representava a tradição, fundada por Nehru, do secularismo e do tratamento igualitário para todas as comunidades religiosas. A Direita Hindu, liderada pelo então crescente BJP, explorou o caso Shah Bano sem trégua, apresentando-se como a verdadeira protetora da mulher muçulmana prejudicada e dos direitos da mulher em geral, enquanto usava o interesse no caso demonstrado pelo público para disseminar mensagens perversas sobre o poder autoritário da comunidade muçulmana sobre suas mulheres e a irresponsabilidade e imoralidade sexual generalizada dos homens muçulmanos. O caso acabou sendo resolvido por meio de uma série de compromissos legais e políticos, mas criou no público uma grande dúvida quanto aos benefícios do secularismo e lançou parte dos fundamentos para a ideia bizarra de que a Direita Hindu seria um protetor mais responsável dos direitos das mulheres muçulmanas do que qualquer outro partido. Também lançou as bases para um debate, até hoje não resolvido, sobre ser desejável ou não um Código Civil Uniforme (UCC), que agora é visto como problemático pela maioria dos partidos políticos e grupos progressistas de mulheres, mas que é ativamente defendido pela Direita Hindu, para a qual ele é um dos principais veículos para tornar hindu a lei pessoal de todas as comunidades minoritárias.

Além disso, o caso Shah Bano assinala o modo como questões envolvendo minorias, numa democracia multirreligiosa complexa como é a Índia, podem se tornar o ponto de ignição de discussões fundamentais sobre gênero, igualdade, legalidade, os limites do poder do estado e a habilidade das comunidades religiosas para policiar a si mesmas. O caso aqui é que pequenos números podem desencadear grandes questões, especialmente em países como a Índia, onde os direitos das minorias estão diretamente ligados a argumentos maiores sobre o papel do estado, os limites da religião e a natureza dos direitos civis como assuntos de legítima diferença cultural.[9] Num contexto muito diferente, a longa história da Índia de ações e litígios relativos a ações afirmativas ou corretivas, no contexto de castas programadas, produziu as

---

[9] Devo essa observação importante a Faisal Devji, que a fez no contexto de uma palestra sobre a divisão da Índia britânica, na Universidade de Yale, no outono de 2003.

convulsões nacionais sobre o relatório de 1980 da Comissão Mandal, que procurou dar força a uma política de reserva de empregos para castas historicamente consideradas como vítimas de discriminação. A Direita Hindu reconheceu a tensão entre a ascensão das castas inferiores, assinalada pelo relatório Mandal, e esforçou-se para tirar vantagem da raiva das castas superiores hindus, que novamente viram-se ameaçadas pelas aspirações políticas de seus companheiros hindus mais pobres. Muitos estudiosos têm assinalado que a Direita Hindu, durante toda a década de 1980, mobilizou as políticas da Masjid (a Mesquita) contra as de Mandal (o choque intra-hindus sobre empregos reservados para as castas inferiores). Também tem sido observado que o esforço para criar uma frente unificada da casta hindu, face às lutas de castas desencadeadas pelo relatório Mandal, transformou a minoria muçulmana num perfeito "outro" para a produção de uma maioria hindu mobilizada. Mais importante para a questão dos números, Amrita Basu, célebre estudiosa das políticas de violência comunitária no norte da Índia, observou que a ideia de uma maioria hindu esconde, na verdade, a minoria numérica da casta superior, das castas hindus proprietárias de terras que têm muito mais a temer com a ascensão das castas inferiores do que com os muçulmanos de suas próprias regiões (Basu, 1994). Quando confrontamos essa preocupação com a politização geral e a mobilização em massa das castas inferiores nas políticas públicas por toda a Índia, provavelmente a maior transformação isolada na paisagem política da Índia no meio do século passado (Jaffrelot, 2003), podemos ver que o medo aos pequenos números é ainda mais ativado pela minoria hindu, que, na verdade, tem o máximo a ganhar com a ficção cultural de uma maioria hindu.

 A maioria hindu é uma dupla ficção na Índia contemporânea, primeiro porque a categoria "hindu" é impensável na política contemporânea quando separada de sua origem na etnografia colonial e nas categorias do censo e, segundo, porque as profundas divisões entre as castas superiores e as inferiores, que sempre têm sido um aspecto da vida na Índia agrária, cresceram e transformaram-se numa das mais importantes fissuras na política do norte da Índia nas duas décadas passadas. Assim, a maioria hindu é obviamente um projeto, não um fato, e, como todas as categorias racializadas e todas as identidades predatórias, ela exige a mobilização por meio dos discursos sobre a crise e as práticas da violência. A existência de minorias, como os muçulmanos, é um aspecto importante dessas crises e práticas, mas a conexão não é de simples contraste e padronização de imagem, conforme propus antes.

 A relação entre a política de castas hindu e a propaganda antimuçulmana da Direita Hindu, especialmente a partir dos anos 1980, também está ligada a um aspecto importante da política eleitoral indiana desde a independência da Índia, que é traduzido no discurso do banco de votos. As eleições indianas são vistas, com frequência, especialmente na esfera rural, local, como girando substancialmente em torno desse ou daquele partido ou candidato para obter um conjunto inteiro de votos de uma determinada casta ou comunidade religiosa, que é comprado por meio de suas elites e que constitui um banco de votos. Associando um voto tornado coletivo, manipulado pela elite, e um voto comprado pela corrupção, a imagem do banco de votos, que é usada livremente por todos os políticos indianos, uns contra os outros, apreende a profunda história dos vínculos entre o censo e as ideias coloniais britânicas de comunidade e eleitorado, notoriamente institucionalizadas nos eleitorados separados, criados logo no começo do século XX, para hindus e muçulmanos nas eleições locais sob o governo colonial. Essas comunidades contadas (Kaviraj, 1992) permanecem como um grande pesadelo para o pensamento liberal na Índia, porque elas englobam tanto a execração liberal da política de massas e sua corrupção particular quanto o lastro negativo do parentesco numa democracia modernizante. Hoje, a importância dos bancos de votos tem sido algo limitada pelo crescente poder dos movimentos independentes de raiz que se opõem à manipulação no atacado pelos políticos e pelo cinismo com que os próprios políticos fazem e rompem alianças e afiliações. A Direita Hindu, contudo, nunca perdeu uma oportunidade para levantar o espectro do banco de votos muçulmano, acusando com frequência seu principal competidor, o agora vitorioso Partido do Congresso, de agradar os muçulmanos num esforço para obter o banco de votos muçulmano nas eleições locais e, por extensão, nas eleições estaduais e nacionais. A espantosa derrota do BJP nas eleições gerais de 2004 mostrou que esse fantasma em particular não era suficiente para comprar a lealdade do eleitorado indiano preponderantemente rural.

Esse ponto nos traz ao aspecto final do medo às minorias na Índia, que tem implicações mais amplas. A Direita Hindu, especialmente por seus partidos políticos dominantes, tem constantemente acusado o partido do Congresso (historicamente associado às políticas iniciadas por Nehru de secularismo, pluralismo e tolerância ativa dos muçulmanos como minoria cultural) de fazer concessões ao tratar dos pedidos, queixas e reivindicações feitas ao estado pelos muçulmanos. O discurso das concessões é fascinante porque está profundamente ligado à passagem que discuti antes do sentimento de ser uma maioria para a frustração da identificação incompleta com o *ethnos* íntegro da comunidade política. Quando a Direita Hindu ataca os movimentos e partidos seculares acusando-os de "fazer concessões" aos muçulmanos, isso implica tanto um certo oportunismo ou covardia por parte dos secularistas quanto, ao mesmo tempo, cria uma imagem do caminho íngreme que leva, do medo de ceder a essa ou aquela exigência local das comunidades muçulmanas, a render-se, no atacado, à batalha militarizada, agora nuclearizada, contra o Paquistão, que é o amplo pano de fundo de toda a propaganda militante hindu na Índia. O discurso das concessões é o elo entre as reivindicações das minorias dentro das fronteiras nacionais e a luta contra estados inimigos além-fronteiras; nesse caso, o Paquistão. Assim, fazer concessões é outro artifício discursivo que permite que os pequenos números de muçulmanos indianos sejam inflados e impregnados pela ameaça do Paquistão e, além deste, pelas multidões militantes do mundo global do Islã. No período imediatamente seguinte aos ataques do 11 de setembro, conforme já discuti antes neste capítulo, essas conexões foram revividas e reimaginadas invocando-se globalmente o terrorismo islâmico. Para concluir, agora me volto para a figura do terrorista-suicida, nascido dos combates entre tamiles e cingaleses em Sri Lanka, nos anos 1970, e o relacionamento dessa figura solitária com as questões de número, minoria e terror.

Quão pequenos são os números pequenos?
Minorias, diásporas e terror

O terrorista-suicida, quer em Israel, Sri Lanka, Nova York, Iraque ou Londres, é a versão mais sombria possível do valor liberal colocado no indivíduo, no número "um". O terrorista-suicida, hoje, é o tipo ideal de terrorista, uma vez que, em sua figura, estão condensados vários pesadelos. Ele ou ela, antes de tudo, apaga completamente os limites entre o corpo e a arma do terror. Seja amarrando bombas no corpo ou escondendo, de outros modos, os explosivos no corpo, o terrorista-suicida é um corpo explosivo que promete distribuir seus próprios fragmentos ensanguentados e misturá-los com as partes ensanguentadas da população civil que se pretende dizimar. Assim, o terrorista-suicida não só escapa de ser detectado como também produz uma mistura horrenda de sangue e corpo entre inimigos, violando não só o solo da nação, mas também o próprio corpo das vítimas, infectando-os com o sangue do mártir. Segundo, o terrorista-suicida é uma versão repulsiva da ideia de mártir, altamente valorizada no cristianismo e no islamismo, pois, em vez de ser um mártir passivo, é um mártir ativo, perigoso, explosivo, um mártir assassino. Terceiro, o terrorista-suicida, como acontece com o agente que sofreu lavagem cerebral no filme *The Mandchurian Candidate*,[10] invariavelmente é retratado como alguém que está em algum estado paranormal de convicção, êxtase e intenção, muitas vezes treinado por técnicas quase religiosas, como o isolamento, a doutrinação e a alucinação provocada por drogas, na véspera do ataque suicida. Essa imagem é a própria antítese do indivíduo liberal que age em interesse próprio, pois a ideia de um corpo que explode por vontade própria não se encaixa facilmente na maioria dos modelos de escolha racional. Quarto, imaginado como autômato, o terrorista-suicida, como exemplo

---

[10] No Brasil, *Sob o domínio do mal*. (N.T.)

apavorante de indivíduo, o número "um", na verdade é sempre visto como um momento da massa ou turba enlouquecida, vítima da propaganda e da convicção extrarracional, um perfeito exemplo da arregimentação impensada das massas e da perigosa imprevisibilidade da multidão.

Sob todos esses aspectos, o terrorista-suicida é a forma pura e mais abstrata de terrorista. Nesse sentido, o terrorista-suicida também incorpora alguns dos medos essenciais que cercam o terror. Como figura que tem de chegar perto do local do ataque parecendo um cidadão normal, o terrorista-suicida leva ao extremo o problema da incerteza que discuti anteriormente. Em um atentado em Israel, um terrorista-suicida disfarçou-se como rabino, desse modo subvertendo a própria essência da ordem moral visível da sociedade judaica de Israel. Da mesma forma, o terrorista-suicida floresce nos espaços da vida civil, produzindo, assim, uma forma de permanente emergência, que também requer uma nova abordagem do problema dos civis e da vida civil na era do terrorismo globalizado. Isso nos traz a um aspecto final do problema dos pequenos números numa era de redes globalizadas de terror, como as que se tornaram uma plena parte da consciência do público depois do 11 de setembro.

Pequenos números e redes globais

Os acontecimentos do 11 de setembro estão agora bastante distanciados para que possamos esquadrinhar a trama de xenofobia, sentimentalismo e choque que os ataques produziram, para observar as imagens mais persistentes que sobram daquele acontecimento, agora a serem vistas através das lentes escuras da guerra do Iraque. É quase certo que Osama bin Laden esteja vivo, os membros do Taliban estão se reagrupando no Afeganistão e no Paquistão, vários líderes militares mantêm o Afeganistão num estado profundamente dependente do dinheiro, armas e soldados estrangeiros, e existe uma revolta feroz contra as forças americanas no Iraque. Os iraquianos, inicialmente subjugados pela doutrina do *chock and awe*,[11] parecem odiar os americanos tanto quanto odiavam Saddam Hussein, e as armas de destruição em massa parecem ser álibis para as armas de construção em massa, principalmente nas mãos das empresas americanas Bechtel e Halliburton. Tanto no Afeganistão quanto no Iraque, especialmente no Iraque, os Estados Unidos parecem estar experimentando uma nova forma política, que pode ser chamada de "democracia a distância", uma estranha forma de federalismo imperial, em que o Iraque é tratado como o quinquagésimo segundo estado americano, operando sob a jurisdição da Guarda Nacional e várias outras

---

[11] Literalmente, chocar e espantar; doutrina da dominação militar rápida por meio de uma ação massiva e radical (N.T.)

forças federais de Washington a fim de lidar com um desastre (nesse caso produzido pela decapitação do regime de Saddam).

O problema dos números, das minorias e do terror vai bem, obrigado, no Iraque, junto com a questão sobre se é possível produzir um "povo" iraquiano a partir da megapolítica caótica de xiitas, curdos e outras grandes minorias. Por um lado, a administração americana no Iraque enfrenta o desconcertante problema das minorias, como os xiitas, que, em termos numéricos absolutos, são muito grandes e bem ligados ao regime governamental do Irã, ou os curdos, que ultrapassam as fronteiras de Irã, Iraque e Turquia, e constituem uma enorme minoria. Na medida em que os Estados Unidos completam sua não saída, tendo trazido de urgência grupos de peritos para construir uma constituição iraquiana da noite para o dia (exatamente como fizeram no Afeganistão), existe um profundo impasse conceitual envolvendo grandes minorias numéricas, a insistência pela maioria dos iraquianos que a nova ordem política tem de ser "islâmica" e o senso de que uma verdadeira democracia não pode ser islâmica, exceto no sentido mais remoto. As discussões sobre a natureza de ideias básicas como constitucionalismo, eleições, democracia e representação, acontecem à sombra das batalhas de tanques e conflitos armados reais em lugares como Najaf e Falluja.

Dois pontos sobre o atual desastre no Iraque são relevantes para o problema dos pequenos números e do medo às minorias. Um é que, mesmo tendo encerrrado a carreira de um verdadeiro déspota assassino, igualmente temido e odiado por muitos iraquianos, os militares americanos ainda são perseguidos pelo medo aos pequenos números, aqueles pequenos grupos de milícias, civis e outros que realizam ataques de surpresa contra as forças dos Estados Unidos e às vezes assumem riscos suicidas para inflingir danos e matar soldados americanos. Estando eles totalmente inseridos na população civil, encontrar esses "terroristas" é um trabalho assustador de adivinhação para as forças dos Estados Unidos, que contavam com a total rendição do Iraque depois que um indivíduo maléfico — Saddam Hussein — fosse derrubado do poder. Assim, os Estados Unidos, como poder que ocupa o Iraque, enfrentam o medo de que os pequenos números que continuamente atormentam e matam seus soldados sejam os verdadeiros representantes do povo iraquiano, que originalmente deveriam saudar os americanos como libertadores e descortinar o espetáculo de uma sociedade civil subjacente à carcaça do ditador.

O Iraque também representa o desafio mais abstrato de produzir um povo nacional a partir do que parecem ser apenas grandes minorias étnicas ou religiosas. Tanto no Iraque quanto no Afeganistão, os Estados Unidos viram-se entre a cruz e a caldeirinha na medida que embarcavam no projeto de construir democracias a distância: ou eles têm de permitir que esses países se constituam como repúblicas islâmicas, assim reconhecendo que o único modo de criar povos nacionais é colocando justo a religião que eles mais temem no cerne mesmo da definição da nação, ou têm de achar modos de arrebanhar coalizões de minorias numericamente grandes, assim admitindo que a sociedade civil no Iraque e em muitos lugares como o Iraque tem de ser construída ao longo de um extenso período e que tudo com que se pode trabalhar são as minorias. Essas são, contudo, minorias com conexões globais e com grandes populações associadas a elas. Ao enfrentar esse difícil conjunto de escolhas, depois de ter começado uma guerra que se recusa a terminar, os Estados Unidos têm de se envolver com questões de minoria, incerteza, terror e violência étnica que atormentam muitas sociedades na era da globalização. Há indícios de que alguns iraquianos já podem estar se envolvendo com o que tem sido chamado de "limpeza a seco" étnica em preparação para a limpeza étnica mais brutal. Se isso acontecer, precisaremos, mais do que nunca, encontrar novos modos de negociar a distância entre os pequenos números que provocam ódio nas maiorias mobilizadas do mundo, cujos grandes números foram pressentidos por Lenin como marcando o que ele considerava como "política séria".

Globalização, números, diferença

Retorno agora a dois temas importantes: um é a questão das diferenças mínimas e o outro é o vínculo especial entre a globalização e o crescente ódio às minorias. A meu ver, esses temas não deixam de estar relacionados. Michael Ignatieff (1998) talvez seja o analista mais articulado a invocar o famoso ensaio de Freud sobre "o narcisismo das diferenças mínimas" a fim de aprofundar nosso entendimento das batalhas étnicas dos anos 1990, especialmente na Europa Oriental. Informado basicamente por seu profundo conhecimento daquela região, Ignatieff usa a intuição de Freud sobre a psicodinâmica do narcisismo para lançar luz sobre o porquê de grupos como os sérvios e os croatas chegarem a investir tanto no ódio mútuo, dado o entrelaçamento complexo de suas histórias, línguas e identidades durante muitos séculos. Essa é uma observação frutífera que pode ser ampliada e aprofundada com referência a alguns dos argumentos desenvolvidos aqui.

Em particular, sugiro que foi a pequena brecha entre o status majoritário e a completa e total pureza étnica nacional que pôde ser a fonte do extremo ódio visando aos outros étnicos. Essa sugestão — que anteriormente interpretei como ansiedade da incompletude — fornece-nos outra base para estender a intuição de Freud para formas de violência complexas, de larga escala e públicas, já que nos permite ver como as feridas narcisistas, em nível de ideologias públicas sobre identidades grupais, pode ser voltada para fora e transformar-se em estímulo para a formação do que chamei de "identidades predatórias". A dinâmica subjacente, aqui, é a reciprocidade interna entre as categorias de minoria e maioria. Como abstrações produzidas por técnicas de recenseamento e procedimento, as maiorias sempre podem ser mobilizadas para pensar que estão em perigo de se tornar *minoria* (cultural ou numérica) e para temer que as minorias, pelo contrário, possam facilmente transformar-se em *maioria* (por meio do aumento simples da reprodução ou por meios legais ou políticos mais sutis). Esses medos interligados são um produto peculiarmente moderno da reciprocidade interna dessas categorias, que também estabelece as condições para o medo de que uma possa se transformar na outra.

E é aqui que também entra a globalização. De vários modos, a globalização intensifica a possibilidade dessa volátil transformação, de modo que a naturalidade que todas as identidades grupais procuram e assumem está perenemente ameaçada pela afinidade abstrata das próprias categorias de maioria e minoria. As migrações globais dentro e por cima de fronteiras nacionais constantemente perturbam a cola que prende as pessoas a ideologias de solo e território. O fluxo global de imagens do eu e do outro divulgadas pela midia e algumas vezes transformadas em mercadoria cria um crescente arquivo de híbridos que desmancham as linhas rígidas na borda das identidades de grande escala. Os estados modernos frequentemente manipulam e alteram a natureza das categorias por meio das quais realizam os censos e os meios estatísticos com que contam as populações dentro desses grupos. A difusão global de ideologias improvisadas e constitucionalismo, com elementos extraídos dos Estados Unidos, França e Inglaterra, provoca novos debates globalizados sobre etnicidade, minorias e legitimidade eleitoral, como vemos hoje no Iraque. Finalmente, os modos múltiplos, rápidos e grandemente invisíveis com que fundos em grande escala movem-se pelos canais oficiais internacionais, canais comerciais quase legais e canais completamente ilegais ligados a redes como a Al-Qaeda, estão intimamente vinculados a instituições globalizadas para lavagem de dinheiro, transferências eletrônicas, novas formas de contabilidade por meio de fronteiras e leis, todas elas constituindo aquela forma de capital financeiro que virtualmente define a era da globalização. Essas movimentações de dinheiro, rápidas, muitas vezes invisíveis e frequentemente ilícitas através de fronteiras nacionais são vistas, ampla e corretamente, como criando os meios para que a minoria de hoje se transforme na maioria de amanhã. Cada um desses fatores pode contribuir para a exacerbação da incerteza social — objeto de análise detalhada por todo este livro — e, assim, criar as condições para que a ansiedade da maioria atravesse o limite e chegue ao comportamento predatório em grande escala, até mesmo ao genocídio.

Assim, o medo aos pequenos números está intimamente ligado às tensões produzidas para a teoria social liberal e suas instituições pelas forças da globalização. As minorias num mundo globalizante são uma lembrança constante da incompletude da pureza nacional. E quando as condições — principalmente aquelas que cercam a incerteza social — dentro de uma determinada organização social e política estão maduras para que essa incompletude seja mobilizada como um defeito volátil, pode-se produzir o ódio do genocídio, especialmente naqueles ordenamentos políticos liberais em que a ideia de minoria, de algum modo, veio a ser um valor político compartilhado, afetando todos os números, grandes e pequenos.

5. NOSSOS TERRORISTAS, NÓS MESMOS

Anteriormente, propus que existe tanto uma dependência mútua quanto uma luta feroz, entre os sistemas vertebrado e celular, pela coordenação em grande escala de pessoas, recursos e lealdades. O terrorismo contemporâneo, isto é, a ação violenta contra espaços públicos e populações civis em nome de políticas antiestado, baseia-se certamente numa forma celular de organização global que foi forçada para dentro de nossa consciência pelos ataques de 11 de setembro. Também sugeri que essa luta tectônica envolve e é sintoma da atual crise do sistema de estados-nação. Proponho, aqui, olhar mais de perto para eventos no sul asiático depois do 11 de setembro, uma vez que, nessa região, parece que temos um eco fractal dos eventos daquela data e do ataque dos Estados Unidos, primeiro contra o Afeganistão e, depois, contra o Iraque. Esse eco fractal parece reproduzir de modo perturbador a batalha entre terroristas e estados, entre as formas celular e vertebrada de violência e entre lutas pela identidade política local e a diplomacia realista de países estabelecidos. Nesse movimento fractal, Israel-Palestina é um termo de mediação, que permite que a política da cidade de Nova York se misture com a política da Cachemira. Esses eventos são ecos e também são cópias. Dentre as muitas questões que levantam, está o significado do terror a partir de um ponto de vista doméstico.

Terror e incerteza

Ações terroristas bem sucedidas, como as do 11 de setembro, trazem-nos de volta ao problema da incerteza social, preocupação central deste estudo. Primeiro, a incerteza tem que ver com os agentes dessa violência. Quem são eles? Quais os rostos por trás das máscaras? Que nome usam? Quem lhes fornece armas e os apoia? Quantos deles estão ali? Onde se escondem? O que querem?

Em outro lugar, ao discutir a relação entre a incerteza e a violência étnica em grande escala dos anos 1990, sugeri que essa violência poderia ser vista como uma resposta complexa a níveis intoleráveis de incerteza quanto às identidades grupais (1998b). Naquela argumentação, exercícios em grande escala de contar e dar nome às populações no período moderno e preocupações quanto a povos, reivindicações e mobilidade geográfica criavam situações em que grandes números de pessoas passavam a suspeitar demais das identidades "reais" de seus vizinhos étnicos. Isto é, elas começam a suspeitar que os rótulos diferenciais de todo dia com que convivem (naquilo que chamei de relacionamentos benignos) escondem perigosas identidades coletivas que só podem ser tratadas pelo etnocídio ou alguma forma de morte social extrema para o *outro* étnico. Nesse caso, uma ou as duas identidades do par começam a parecer mutuamente predatórias. Ou seja, um grupo começa a sentir que a própria existência do outro grupo é um perigo para sua sobrevivência. A propaganda estatal, o temor econômico e a turbulência das migrações alimentam diretamente essa mudança e, com frequência, esta caminha no sentido do etnocídio. Na África, por exemplo, ela está ligada diretamente aos movimentos em prol do que é chamado de "autoctonia", que envolve reivindicações primárias de pertencer a um povo, território e cidadania para pessoas que conseguem mostrar que são *de* um certo lugar, ao contrário dos outros, que são migrantes ou estrangeiros. Nas sociedades em que todas as regiões foram formadas por migrações, durante longo tempo e em grande escala, isso é, obviamente, uma diferença mortal. E porque é difícil de executar, a violência corporal em larga escala torna-se um meio médico-legal para estabelecer limites bem definidos entre identidades normalmente misturadas.

A violência corporal em nome da etnicidade torna-se o instrumento de vivisecção que determina a realidade por trás da máscara. E é claro que essa violência invariavelmente confirma suas hipóteses, pois o corpo morto, inválido ou destruído do suspeito sempre confirma a suspeita de sua traição. Muito da melhor literatura etnográfica sobre a violência étnica de massa, mesmo voltando até o período nazista, está repleta das palavras "máscaras", "traição", "intriga" e "denúncia". A violência faz parte da mortal epistemologia do etnocídio. É claro que essa violência gera a contraviolência, que assume formas vivisecionistas similares. Na violência mascarada de Belfast, Nablus, País Basco e Cachemira, para mencionar só alguns exemplos, a máscara do terrorista armado reflete e confirma, na realidade, a suspeita de muitos grupos étnicos dominantes. Quando os terroristas usam máscaras, e mesmo quando não usam, seus comportamentos normais são vistos como máscaras orgânicas para suas identidades reais, suas intenções violentas, suas lealdades pérfidas, suas traições secretas. Então, cada vez que uma força policial oficial arranca a máscara de um terrorista morto ou capturado, o que se revela por baixo da máscara é outra máscara, a de um muçulmano ou palestino ou afegão ou checheno comuns, a de um traidor por definição.

Assim, a extrema violência corporal entre grupos étnicos, especialmente contra minorias étnicas, que vimos pelo mundo todo nos anos 1990, não é só um testemunho de nossa eterna bestialidade ou tendência evolucionária de eliminar totalmente os "eles" para assegurar a sobrevivência dos "nós". E também não é só a mesma violência, igual a todas as violências religiosas e étnicas dos séculos passados. A violência étnica brutal dos anos 1990 está profundamente modulada por fatores que triangulam um tipo de modernidade altamente específico: identidades nacionais baseadas em passaporte; ideias de maioria e minoria baseadas no censo; imagens divulgadas pela mídia do eu e do outro; constituições que fundem cidadania e etnicidade; e, mais recentemente, ideias sobre democracia e livre mercado que produziram, em muitas sociedades, novos conflitos sérios sobre concessão de direitos. Esses e outros fatores exigem que não olhemos para a violência grupal em larga escala das últimas poucas décadas como sendo mero capítulo na história da inclinação humana para a guerra religiosa ou o etnocídio.

O mais importante sobre essas novas formas de violência vivisseccionista é a mobilização peculiar da incerteza social e da certeza ideológica. A propaganda do estado e ideologias fundamentalistas de muitos tipos espalham certezas perniciosas sobre a ordem étnica — sobre seus aspectos físicos, seus planos, seus métodos, suas intrigas e a necessidade de sua extinção. O infame "Protocolo dos Sábios de Sião" talvez seja o modelo clássico do texto de propaganda. Quantidade nenhuma de pânico induzido pela política nem de convicções induzidas pela doutrina é capaz, porém, de motivar as pessoas normais ao tipo de violência extrema contra grandes grupos de amigos e vizinhos, como lemos detalhadamente em relação a Ruanda no começo dos anos 1990. Para que ocorra essa violência extrema, uma espécie profunda de incerteza social deve ser misturada a altos níveis de certeza doutrinária para chegar à violência contra amigos e vizinhos. A preocupação que isso produz é que os rostos normais da vida cotidiana (com nomes, costumes e fé diferentes dos nossos) sejam, na verdade, máscaras do cotidiano atrás das quais espreitam as identidades reais, não dos outros étnicos, mas de traidores da nação concebida como um *ethnos*. Essa é a mistura letal que produz a lógica da purificação étnica. E é claro que essa incerteza também é induzida socialmente e estimulada politicamente. Ela também se origina, em parte, da propaganda, mas também provém de outras fontes, muitas vezes muito mais próximas do local e dos pequenos atritos da vida cotidiana, em que grupos etnicamente diferentes acumulam pequenas dúvidas, ressentimentos leves e suspeitas humildes. Com a chegada de roteiros maiores, tanto de certeza quanto de incerteza, essas pequenas histórias vão alimentar uma narrativa com um impulso etnocida. Boatos podem alimentar esse impulso, mas só quando estão emoldurados por narrativas maiores. E essas narrativas provém, tipicamente, dos estados ou das forças políticas de grande escala e bem organizadas. Essas forças nunca conseguem produzir as condições contingenciais para que suas narrativas sejam recebidas (e aqui está a falha de muitas teorias sobre propaganda), porém, sem elas, muitas faíscas iriam se apagar em silêncio bem antes de se transformar em incêndios.

O que a incerteza social tem que ver com o terrorismo? O elo está em que o terrorismo opera pelos instrumentos da incerteza. E essa incerteza vem sob muitas formas. Primeiro, quando os terroristas atacam e fogem, não sabemos exatamente quem são. Algumas vezes não sabemos o que eles querem ou quem, exatamente, queriam atacar ou matar. Quando são muito audaciosos, até mesmo suicidas, seus motivos nos deixam perplexos, produzindo mais incerteza. Eles também provocam uma profunda incerteza sobre o que pode acontecer a seguir. O terror é, antes de tudo, o terror do próximo ataque. Também há a questão de quais limites os terroristas respeitam. Os terroristas apagam a linha divisória entre o espaço militar e o civil e criam incerteza sobre as próprias fronteiras dentro das quais assumimos que a sociedade civil é soberana. O terror é uma espécie de metástase da guerra, guerra sem limites espaciais nem temporais. O terror divorcia a guerra da ideia de nação. Ele coloca a possibilidade de que qualquer um pode ser um soldado disfarçado, alguém que dorme no meio de nós, esperando para atacar no âmago de nossa sonolência social. O terrorista combina as qualidades do soldado e do espião, desse modo borrando outra fronteira em que a política moderna se tem baseado. Essa é uma dimensão importante do que aconteceu no sul da Ásia depois do 11 de setembro.

A GEOGRAFIA DA RAIVA

A Índia e o Paquistão — e muito do sul da Ásia como um todo — foram afetados diretamente pelos acontecimentos do 11 de setembro e pela guerra contra o terror deflagrada no Afeganistão em 2001 e logo depois ampliada até o Iraque. O Afeganistão e o Iraque estão intrinsecamente ligados ao mundo regional onde sobrevive o Paquistão. E o Paquistão e a Índia, claro, estão travados num permanente estado de conflito desde 1947, focado particularmente na luta pela Cachemira. Depois do 11 de setembro, tanto a Índia quanto o Paquistão foram forçados a uma disputa sobre quem seria o aliado dos Estados Unidos na guerra global contra o terror. O Paquistão tornou-se uma vantagem crucial para os Estados Unidos — colocando sua própria soberania em perigo — ao permitir que os Estados Unidos o utilizassem como base militar na luta contra o Taliban e seu aliado, Osama bin Laden. A Índia usou a linguagem do terror para descrever as intervenções militares do próprio Paquistão na Cachemira e o patrocínio do Paquistão às ações terroristas internas na Índia. O sul da Ásia, portanto, nos meses que se seguiram ao 11 de setembro, oferece-nos uma oportunidade especial para examinar a geografia da raiva e conseguir dar algum sentido ao modo como os espaços global, regional, nacional e local passam a se relacionar como cópias e ecos. Essa geografia é um modo de examinar como o medo aos pequenos números e ao *poder* deles dá forma aos relacionamentos mútuos entre lugares e diferentes escalas espaciais. Em palavras mais simples, olhar para a Índia e Mumbai no período que se seguiu ao 11 de setembro permite-nos ver como a linguagem do terror produz uma nova geografia política.

Na Índia, esse foi o período em que a Direita Hindu alcançou a supremacia eleitoral da nação ao final de quase duas décadas de esforços cuidadosos para corroer a cultura do secularismo e a credibilidade das forças pluralistas na Índia. Os ataques do 11 de setembro foram oportunidades de ouro para que o partido no poder, o Bharatiya Janata Party (BJP), e seus aliados na Direita Hindu juntassem vários de seus programas, que incluíam um interesse de longa data na fusão dos muçulmanos da Índia com os do Paquistão; um forte projeto para reforçar o poderio das armas (inclusive nucleares) da Índia e para preparar os indianos para a possibilidade de uma guerra final e decisiva contra o Paquistão; uma campanha doméstica para acabar com o tratamento especial a todos os grupos não hindus, especialmente os muçulmanos, particularmente nas áreas do direito pessoal; e um esforço sistemático para reescrever a história nacional da Índia (e livros escolares infantis, entre outros textos) visando refletir a visão deles da Índia como uma civilização hindu que foi violentada pelos invasores muçulmanos no período pré-britânico e que, hoje, estaria sendo ameaçada pelo Paquistão.

O BJP, junto com muitos outros grupos nacionalistas hindus, tem estado no cerne da campanha nacional que levou à destruição física, em dezembro de 1992, da Babri Masjid, uma das principais mesquitas muçulmanas em Ayodhya, centro de peregrinação no norte da Índia associado a Rama, deus--herói hindu. Por toda a década de 1980, o BJP empenhou grande energia para reescrever a geografia da Índia como geografia hindu, com os principais santuários muçulmanos retratados como estruturas ilegítimas, construídas sobre santuários e lugares sagrados hindus. Essa geografia hindu foi combinada com uma geografia nacionalista paranoica, em que o Paquistão era tratado como um ultraje, e a guerra contra o Paquistão era discutida ao mesmo tempo como um projeto de segurança e de pureza. Desse modo, o BJP realizou um esforço nacional para mobilizar os sentimentos contra os direitos dos muçulmanos dentro da Índia, contra o estado muçulmano do Paquistão e contra a presença islâmica por todo o mundo. Depois do 11 de setembro, esse esforço foi enriquecido pela infusão da linguagem extraída da guerra global contra o terror, que, para o BJP e seus aliados, transformou-se na própria campanha nacional para reduzir os muçulmanos a uma minoria humilhada e restrita a um gueto. Essa campanha foi mais do que uma pequena parte do ódio etnocida contra os muçulmanos que o BJP conseguiu acumular e coordenar nos pogroms contra muçulmanos em fevereiro e março de 2002, depois que um pequeno grupo de jovens muçulmanos ateou fogo ao compartimento de um trem cheio de ativistas hindus que voltavam do santuário sagrado de Ayodhya. O BJP perdeu as eleições gerais nacionais em 2004, mas permanece entrincheirado na política indiana e ainda é o partido eleito no governo do estado de Gujarat.

Logo voltaremos aos pogroms antimuçulmanos de Gujarat. Notemos apenas que, dentro da Índia, os meses que se seguiram ao 11 de setembro também viram a transformação de várias geografias locais e regionais em partes da geografia maior da indignação nacional e do ódio global ao terror. Consideremos a cidade de Mumbai, capital do estado de Maharashtra, que tem uma longa história de conflitos hindu-muçulmanos mas também uma longa história de trânsito e comércio entre hindus e muçulmanos no esporte, negócios, na indústria do cinema e no mundo do varejo, entre outros aspectos da vida.

Em Mumbai, a política indiana tem seu próprio e específico modo de se desenvolver, da mesma forma que em outros estados e regiões. Naquela grande cidade comercial, a história da pureza nacional e da prontidão militar é, como sempre, um tanto eclipsada por notícias de Bollywood ou de cricket. Essa é a cidade das caras produções a cores e das notícias sobe a morte de Harshad "Big Bull" ("Touro Grande") Mehta, um banqueiro de investimentos fraudulento; dos feitos da primeira família do cinema indiano, os Bachchans; e da reativação do processo penal contra o megaprodutor de cinema e comerciante de diamantes, Bharat Shah, acusado de ligações com a máfia; tudo isso nos lembrando de que, em Mumbai, todo o resto se curva ao sistema nervoso do dinheiro, riqueza, glamour e estilo.

Mumbai, entretanto, depois do 11 de setembro, teve seu próprio modo de registrar a ansiedade em relação ao Paquistão e a inquietação quanto a suas próprias e grandes populações muçulmanas. Houve um aumento na investigação policial das populações das favelas, especialmente daquelas que vivem em ou perto de importantes instalações militares ou de transporte. A prisão de Afroz Khan, morador de Cheeta Camp, uma das mais antigas favelas de Mumbai, com ligações com os ataques terroristas pelo mundo todo, em Nova York, Delhi, Sydney e outros, colocaram colocou firmemente Mumbai e sua polícia na caçada global aos terroristas. Em Mumbai, o subtexto que liga muçulmanos, favelas e "ninhos" de terroristas é particularmente expressivo; e cidades na fronteira como Mumbra, onde é limitado o poder da polícia e do município, foram focadas pela polícia e pela mídia como saídas de emergência naturais e zonas de segurança para terroristas, especialmente aqueles ligados aos grupos que supostamente têm bases e são financiados pelo Paquistão. Uma ação que ligou a questão da habitação (talvez a mais urgente questão cotidiana de Mumbai) ao terrorismo foi a espantosa ordem dada pelo então secretário de segurança de Mumbai, M.N. Singh, de que todos os proprietários de imóveis tinham de comunicar os nomes e detalhes de todos os novos inquilinos, sublocatários ou moradores nos edifícios controlados por eles.[12] Esse espantoso exercício panorâmico estava certamente fadado ao fracasso numa cidade de doze a quinze milhões de pessoas (e agora está quase totalmente esquecido), mas decerto teria fornecido uma ferramenta adicional para a invasão policial na intimidade em áreas predominantemente muçulmanas. Em tudo isso, existe mais do que uma sombra dos acontecimentos de 1992, quando a mesquita de Babri Masjid em Ayodhya foi destruída por fundamentalistas hindus, levando aos levantes mortais de dezembro de 1992 e janeiro de 1993 e às explosões de bombas mais tarde nesse mesmo ano (que foram vistas principalmente como represálias por grupos muçulmanos, apoiados pelo submundo de Mumbai).

Os elos das questões de segurança nacional com as preocupações sobre o terrorismo e o crime sempre estão, em Mumbai, relacionados a certas imagens extraterritoriais de lugares como Dubai, Karachi e, cada vez mais, Katmandu, Bangkok e Manila. Sendo Dubai o principal dentre eles, existe uma rede complexa de narrativas envolvendo grandes criminosos que cresceram em Mumbai e agora operam a partir de Karachi e Dubai, ligações com o serviço de inteligência do Paquistão, bases nos países que cercam a Índia e representantes e parceiros no crime ativos em Mumbai (e em outras partes da Índia) que obedecem às ordens daquelas figuras todo-poderosas. Assim, em Mumbai, o discurso estatal sobre o terrorismo, articulado principalmente pela polícia, está sempre interligado a narrativas mais antigas sobre o submundo e o mundo do cinema, sobre contrabando e sobre o crescente número de "confrontos" entre a polícia e os bandidos, que é o mesmo que um estado de guerra armada nas áreas mais populosas de Mumbai, virtualmente em todos os dias ou todas as semanas. Ainda outra corrente que reflete a experiência de Mumbai com esses temas nacionais e regionais são as campanhas contra os ambulantes, parte de uma contínua batalha do estado e de certos grupos de interesses de classe média de um lado e vendedores de rua, mais pobres, do outro. Funcionários municipais zelosos têm travado uma guerra contra os vendedores ambulantes. Também essas batalhas têm um forte subtexto comunitário, uma vez que muitos desses ambulantes são, por acaso, muçulmanos e ligados a elementos muçulmanos no submundo de Mumbai e a outras formas de força e proteção. A guerra contra os ambulantes é uma batalha por espaço, civilidade, invasões e ordem pública

---

[12] Também no Brasil submetido à ditadura militar iniciada em 1964, os zeladores dos prédios eram obrigados a manter controle estrito dos moradores (e seus visitantes), com os mesmos objetivos. (N.T.)

em Mumbai, mas também não está separada dos subtextos do crime, legalidade, segurança e ordem.

O Shiva Sena, o partido nativista de direita que tem a mais longa história na organização de atividades e sentimentos antimuçulmanos em Mumbai, é e sempre tem sido a voz mais clara no esforço para unir questões cívicas a provocações antimuçulmanas. Em anos recentes, num espantoso ato de audácia política, o Sena organizou uma série de eventos de *maha-arati*[13] em grande número de templos e espaços públicos em Mumbai, sob o argumento de que essas eram ocasiões rituais para trazer "paz" a Mumbai e a todo o mundo. O aspecto infame de tais pretensões é que exatamente esses rituais em grande escala que, em 1992-93, foram o instrumento principal para organizar turbas antimuçulmanas, para fazer discursos inflamados e para ligar megarrituais hindus, com a intimidação direta de bairros e comunidades muçulmanas. Restaurar esses rituais no período seguinte ao 11 de setembro foi, com um só gesto, restaurar os vínculos propagandísticos mortais entre muçulmanos e o Paquistão, enquanto se colocava o hinduísmo no papel de força pacificadora.

Finalmente, num desenvolvimento bastante constante na última década, a marinha indiana transformou-se num estado visível e numa presença ritual em Mumbai. Sempre o ator principal das defesas de Mumbai, a marinha indiana montou uma série de demonstrações espetaculares do poder marítimo ao longo da costa de Mumbai nos últimos anos, acolhendo marinhas de países amigos, exibindo seus mais novos equipamentos militares e prevendo sua atuação crítica em qualquer confronto futuro com o Paquistão. Assim, a costa de Mumbai, prevista como uma possível zona para atracar submarinos paquistaneses em 1992-93, agora é vista claramente como parte das fronteiras militarizadas, como sua Linha de Controle,[14] e Mumbai está incluída, cada vez mais, na linha de defesa da Índia pela marinha e, mais do que nunca, pela mídia. O mar Arábico cada vez mais se torna parte do oceano Índico como zona estratégica, e a distância marítima entre Karachi e Mumbai nunca está longe da imaginação do público. As distâncias são sempre, em parte, matéria de sentimento e sensibilidade, e a marinha indiana fez um bom trabalho ao encolher a distância marítima entre Índia e Paquistão. E aquilo que a marinha faz nas costas e enseadas de Mumbai, o Shiva Sena e a polícia (embora nem sempre em harmonia) fazem nos edifícios, bairros e ruas de Mumbai. O efeito conjunto dessas práticas é criar um mapa mental que gradualmente se sobreponha, em que a guerra, a segurança, o crime e o terror recubram a geografia do comércio, do transporte, do trabalho e do consumo.

---

[13] A *maha-arati* é uma grande oração pública que começou nos últimos anos com a finalidade de demonstrar a força e a solidariedade hindus.

[14] *Line of Control*: linha que supostamente indica a fronteira entre a parte da Cachemira controlada pela Índia e a parte controlada pelo Paquistão. (N.T.)

Essa breve discussão procurou dar um exemplo do modo como os acontecimentos e os espaços foram recombinados pelas narrativas do terror depois de 11 de setembro. A política da nação, as alianças globais, as tensões regionais entre países — tudo se relaciona de modo diferente, o que exemplifica o modo como se forma a geografia da raiva. Tais geografias foram produzidas e transformadas por todo o mundo depois do 11 de setembro. Em todos os casos, elas juntaram histórias regionais e histórias locais que vêm de longe, tensões políticas nacionais e transnacionais e coalizões e pressões globais e internacionais. Examinamos de perto a Índia, a Maharashtra e a cidade de Mumbai, mas poderíamos fazer o mesmo com muitos outros lugares, como Cabul, Cairo, Nova York e, mais recentemente, Londres, que irei abordar logo.

Em todos os casos, a geografia da raiva não é um simples mapa de ação e reação, transformação em minoria e resistência, hierarquias firmadas de espaço e local, sequências claras de causa e efeito.[15] Essas geografias são, antes, o resultado espacial de complexas interações entre eventos distantes e temores próximos, entre antigas histórias e novas provocações, entre fronteiras reescritas e ordens não escritas. Com certeza, o combustível para essas geografias encontra-se na mídia (pelo noticiário, pela Internet, por mensagens e discursos políticos, por documentos e relatórios incendiários), mas suas centelhas são a incerteza quanto ao inimigo interno e a ansiedade sobre o sempre incompleto projeto de pureza nacional. A geografia da raiva é produzida no relacionamento volátil dos mapas da política nacional e global (grandemente produzidos por processos e instituições oficiais) com os mapas do sagrado espaço nacional (produzidos por movimentos e partidos religiosos e políticos).

Essa discussão sobre a geografia da raiva pretende sustentar dois argumentos. O primeiro é que, num mundo caracterizado por articulações globais e tensões entre formas políticas celulares e vertebradas, as regiões, nações e cidades podem produzir complexas cópias fractais de combates maiores. Assim, as tensões entre Índia e Paquistão aparecem sob formas mutantes em vários níveis e escalas: globais, nacionais, regionais e urbanos. Em todos eles, a figura do terrorista, da nação pura, do traidor mascarado e do inimigo oculto desempenham um papel crucial. O formato exato dessas personagens comuns e os enredos precisos que elas animam, porém, não são réplicas, e sim fractais de imagens e perspectivas mais amplas. O

---

[15] Em seu brilhante novo livro, *Landscapes of the Jihad* (*Paisagens da Jihad*) (2005), Faisal Devji constrói dois argumentos principais que lançam mais luz sobre a geografia da raiva. O primeiro é mostrar que a visão de mundo *jihadi* é um resultado histórico complexo das regiões limítrofes do mundo islâmico e não de sua região central. O segundo argumento converge com minhas próprias ideias sobre ideocídio e civicídio, argumentando que a visão violenta dos *jihadis* é encarada antes como um universalismo ético alternativo, radical, do que como visão estritamente anti-ocidental.

segundo argumento que essas vinhetas permitem é que agora existe um relacionamento recém-municiado entre a incerteza na vida cotidiana e a insegurança nos assuntos dos estados.

    Há muitos fatores que afetam as formas sob as quais os dramas globais de guerra, paz e terror chegam até diferentes localidades nacionais e regionais com aparências diferentes e assumem conexões sinápticas altamente específicas com as ansiedades locais e as imagens do "global". Entre esses fatores, é vital a questão da mídia, sua força, sua composição, sua fonte de controle e seu alcance global. A mídia — escrita, bem como a eletrônica — é o principal formador de opinião no mundo todo, como sabemos, mas também sabemos que, mesmo nos níveis mais altos de circulação e controle global, não há ninguém com controle total. O surgimento notável da rede global de língua árabe, a Al-Jazeera, como concorrente da CNN e da BBC, talvez seja o caso decisivo a mostrar que a luta pela opinião e informação globais mal começou. E o mesmo se aplica ao nível de círculos menores de comunicação e circulação, em que jornais, revistas, canais de TV a cabo, filmes e discursos políticos fornecem caminhos altamente variados pelos quais as notícias e as opiniões podem ser filtradas e escoar. Na Índia, por exemplo, as lutas entre uma variedade de conglomerados televisivos, indianos e multinacionais; o poder do ministério da informação e difusão; a habilidade das operadoras da TV a cabo em sequestrar e piratear todo tipo de *commodity* da mídia e controlar sua distribuição local; a enorme imprensa multilíngue que altera as opiniões recebidas do Oriente e do Ocidente; e o acesso direto de muitos indianos às notícias internacionais por meio de laços no trabalho, de parentesco e comerciais, criam um sistema de circulação muito complicado para a formação da opinião pública e para a transmissão do medo, do pânico e do sentimento de urgência. A essa mistura pode-se acrescentar o novo catalisador que é o fluxo de opiniões e notícias baseadas na Internet, que permite que grupos com uma grande variedade de interesses espalhem suas opiniões e suas notícias e selecionem seus aliados, sem levar em conta as fronteiras nacionais.

    E existe, é claro, a economia global — a globalização propriamente dita —, esse regime de mercados abertos, crescente integração das economias e circulação muito veloz do capital especulativo em que estamos vivendo há pelo menos três décadas. Como muitos notaram, agora não existe população significativa que viva fora dos termos dessa economia global, cujos protocolos, dinâmicas e normas estão sendo construídos, agora, de modos fundamentais. O que é relevante sobre esse processo maior é a questão do vínculo dos perdedores no regime da globalização com a raiva que inspirou o tipo de ataques que testemunhamos contra as grandes potências mundiais antes e a partir do 11 de setembro.

Há poucas dúvidas de que o reservatório do que tem sido chamado adequadamente de ódio dirigido contra os Estados Unidos — o estado e o país — tenha fontes e raízes complexas. Entre elas está o longo registro da violência militar americana durante o século passado, a arrogância de sua política externa e, não menos importante, a nítida ligação entre o capitalismo mundial, a riqueza americana, o poder das multinacionais e as políticas das instituições resultantes dos acordos de Bretton-Woods[16]. Thomas Friedman, importante comentarista nas páginas do *New York Times*, nem de longe um marxista, por mais que se queira pensar o contrário, argumentou alguns anos atrás, com a maior sinceridade, que os Estados Unidos deveriam ser a polícia do mundo (em lugares como Kosovo), uma vez que, evidentemente, eram o motor e o maior beneficiário do sistema econômico global (1999). Outros podem se omitir de opinar, mas há um tanto de verdade nessa afirmação. Tenho mais a dizer sobre a complexa passagem do domínio global americano sobre uma economia que está produzindo mais riquezas, bem como mais perdedores, a uma velocidade alarmante, para uma cultura de antiamericanismo que se espalha rapidamente. Tratarei disso, com maiores detalhes, no capítulo 6. As ligações, porém, estão ali, mesmo quando são sutis, variadas e, algumas vezes, subterrâneas.

Podemos voltar agora ao novo sistema de circuitos que liga a incerteza na vida social à incerteza dentro dos estados e entre eles. Essa nova condição pode ser glosada como um estado mundial de insegurança que, cada vez mais, cria o que pode ser chamado de *estados da insegurança*. As discussões sobre o relacionamento entre segurança e insegurança têm sido enriquecidas, cada vez mais, pelos estudiosos, conforme deixa evidente uma nova coleção editada por R.M. Basrur (2001).[17]

No mundo realista, que parece termos deixado para trás, as preocupações com a segurança pelos estados e as incertezas cotidianas dos cidadãos (ou civis, em minha linguagem) estavam relativamente separadas. Aquelas tinham que ver com guerra e paz, diplomacia e fronteiras, orçamentos da defesa e política externa; estas tinham que ver com a lei e a ordem locais, rotina e previsibilidade sociais, um conhecimento confiável do mundo dos amigos e vizinhos, algum senso de propriedade nas esferas do espaço local e locais públicos, algum senso de que o amanhã, como um todo, seria igual a hoje. As inseguranças dos estados e as incertezas das pessoas e espaços civis, hoje, tornaram-se interligadas

---

[16] Em julho de 1944, no Mount Washington Hotel, em Bretton-Woods, New Hampshire, 44 nações aliadas redefiniram e reconstruíram as relações comerciais e financeiras entre os países mais industrializados, no primeiro caso da história mundial de uma ordem monetária negociada. (N.T.)

[17] Ver especificamente o excelente ensaio de Jayadeva Uyangoda, cujo uso da ideia de insegurança assemelha-se de modo interessante ao meu.

de modo inquietante e, no terror, no terrorismo e nos terroristas é que podemos ver melhor essa perda de nitidez.

E essa perda de nitidez é, notadamente, uma rua de duas mãos, como claramente podemos ver no sul da Ásia. Lutas entre facções locais, eleições, boatos e conflitos tornam-se fontes da incerteza cotidiana, especialmente quanto à identidade de nossos vizinhos e dos cidadãos do mesmo local que nós. A identidade étnica é um ponto de ignição especial para essa incerteza, mas também pode assumir outras formas somáticas, envolvendo linguagem, vestimenta, gênero, alimentação e raça. Quando essa incerteza é inscrita em processos mais amplos de mudança demográfica, medo econômico e deslocamentos de populações, exacerbados pela mídia e pelas máquinas de propaganda estatais ou quase estatais, como já sugeri antes, a mistura da certeza social com a incerteza torna-se volátil e a violência pode se desenvolver por metástase. De modo contrário, as inseguranças do estado podem se infiltrar através dos vasos capilares da sociedade civil, por esforços propositais de mobilização de massas, pela politização de uma parte ou de todas as forças armadas, da imposição seletiva de políticas de detenção ou repressão, da supervisão étnica de determinadas comunidades e da discriminação legal contra minorias, migrantes e outros cidadãos sem força. Essa insegurança do estado é especialmente definida ali onde os estados perderam os vínculos claros com a política de massa, onde políticas econômicas ambíguas ou seletivamente favoráveis são impostas em favor de forças ou interesses globais mais amplos e onde os estados começaram a substituir políticas fundamentalmente culturalistas pelas desenvolvimentistas.

A Índia é um caso especialmente interessante sob esse aspecto, porque nas políticas anteriores da coalizão liderada pelo BJP havia uma estranha mistura de retórica do mercado aberto (como na criação de um ministério sem pasta para o "desinvestimento"), modismo tecnológico (como no culto da tecnologia da informação e na comunidade indiana de não residentes movida a tecnologia) e fundamentalismo cultural. O lema aqui pode ser visto como "mercados abertos — culturas fechadas". A atual tensão entre a liderança oficial do BJP e a liderança da Rashtriya Swayamsevak Sangh (Sociedade Nacional do Voluntariado) e as margens ainda mais radicais da Direita Hindu está situada particularmente na questão de onde se encontram e se misturam as soberanias econômica e a cultural. E mesmo quando o BJP baseia sua credibilidade cada vez mais em sua postura sobre a herança cultural e a correção histórica do ponto de vista hindu, sua política é também cada vez mais beligerante, especialmente logo após a nuclearização oficial das forças armadas indianas. A partir de então e logo depois da vitória da Índia sobre o Paquistão em Kargil há alguns anos, tem havido um esforço constante, por parte do BJP e seus aliados, para equiparar modernidade com tecnologia (especialmente tecnologia da informação) e tradição com hinduísmo, alegando ser ele, BJP, o melhor guardião para ambos. O aspecto mais importante dessa dupla abordagem inclui uma dramática intensificação na construção de armamentos, inclusive armamentos relacionados ao poder nuclear; uma posição intransigente ao negociar seja com quem for sobre a Cachemira; e um firme compromisso de ligar as ameaças do Paquistão à segurança externa com as ameaças internas à pureza indiana, especialmente aquelas provenientes do Islã, mas também de outras religiões "alienígenas". Assim, o culto da informação e da tecnologia militar caminha lado a lado com um projeto cada vez mais estridente de tornar hindus todos os níveis da sociedade civil indiana. Resta ver se o Partido do Congresso, que venceu as eleições gerais em 2004, consegue reverter essas tendências.

As ações de vários grupos celulares que se opõem, pelas armas, contra o estado indiano na Cachemira e, agora, cada vez mais ultrapassando a fronteira para atingir instalações e cidades indianas, instaura uma nova oportunidade para que o estado penetre na sociedade civil em nome de suas próprias inseguranças quanto a fronteiras, sabotagem e terrorismo interno. Com isso, não se pretende negar que haja, na realidade, interesses além-fronteiras operando na Índia, algumas vezes profundamente dedicados à ação violenta, mas, sim, sugerir que essa violência fortaleceu enormemente as mãos daqueles que desejam enfiar a metáfora da guerra ainda mais fundo nas fendas da vida cotidiana. Para muitos setores das classes médias indianas e para muitas partes das classes trabalhadoras urbanas e rurais, a vida cotidiana ficou permanentemente tingida pelo sentimento de uma luta cultural que vincula, de modo coerente, a guerra e a política nas fronteiras com a vigilância e a purificação no centro. De Wagah para Ayodhya,[18] acontece apenas um deslocamento do teatro da guerra, e aqui existe uma ligação entre o Paquistão, seus terroristas, os muçulmanos indianos e sua deslealdade implícita. O esforço bem sucedido da polícia de Mumbai em impedir a apresentação de uma peça na língua marathi sobre Nathuram Godse (o assassino hindu de Mahatma Gandhi), em 2002, foi sem dúvida apoiado pelo sentimento público de que a Índia é um país (quase) em guerra com o Paquistão. Tais ações do estado alimentam as incertezas da vida cotidiana e, numa determinada semana ou mês, num lugar como Mumbai, entrelaçam-se com histórias dos jornais sobre os terroristas muçulmanos que vivem em moradias principescas dentro de favelas (supostamente financiados pela Al-Qaeda ou redes similares) e por pedidos mais gerais para "limpar" favelas especialmente dominadas por muçulmanos, alegando-se que são refúgios ideais para terroristas da Cachemira e além. De novo, aqui, encontram-se as metáforas usadas pelos

---

[18] Wagah é um posto fronteiriço entre a Índia e o Paquistão. Ayodhya é a cidade da mesquita *Babri*, que foi destruída. (N.T.)

nazistas em lugares como Varsóvia sobre caçar os vermes (como eles descreviam os judeus da Polônia) e por vários grupos para descrever áreas muçulmanas pobres em cidades como Delhi.

De fato, a insegurança do estado e a incerteza social sobre os "outros" étnicos alimentam-se reciprocamente numa espiral perturbadora na era do terror global. Pois uma vez que se mostra que o terrorismo atravessa fronteiras nacionais (como claramente o faz) e que ele opera de modo furtivo e disfarçado, então essa ligação é fácil de fazer e de instrumentalizar. E, voltando à imagem da vivisecção (que usei anteriormente), tanto a violência patrocinada pelo estado contra os terroristas e a violência local contra vizinhos étnicos convergem na exibição do corpo capturado, ferido ou humilhado do inimigo como prova da própria traição que se desejava destruir. No repouso da morte ou na imobilidade da rendição, os corpos terroristas transformam-se em monumentos ao inimigo interno, prova da traição em sua forma ordinária mais patética.

Terror na capital do capital

Os Estados Unidos, é claro, estão envolvidos num novo conjunto de batalhas sobre a segurança do estado e a incerteza civil depois do 11 de setembro. E, como na Índia, os ataques do 11 de setembro desencadearam uma nova ordem de correspondência entre as incertezas sociais cotidianas sobre *nós* e *eles* e as inseguranças de um megaestado enfurecido. À medida que esse Gulliver rompe as amarras de muitos liliputianos que o vêm atormentando faz tempo e provoca o caos no Afeganistão e, agora, no Iraque, muitas campanhas paralelas têm sido lançadas contra imigrantes ilegais, viajantes suspeitos e dissidências de todo tipo. Novos debates têm sido travados sobre os limites da vigilância estatal, sobre a necessidade de se proteger as minorias de cor contra os crimes de ódio resultantes diretamente dos acontecimentos do 11 de setembro e sobre a constitucionalidade de julgamentos militares para os que foram presos pelas forças de segurança do estado imediatamente depois dos ataques do 11 de setembro.

A problemática do terror na esfera pública nos Estados Unidos tem uma lógica muito diferente da lógica na região sul da Ásia. O terror provoca novas discussões sobre a imigração, que, com razão, tem sido o dilema central da política dos Estados Unidos nos últimos cinquenta anos. Ele provoca ainda novos argumentos sobre direitos civis, em especial os direitos à intimidade e à liberdade de ir e vir, e tornou muito difícil montar uma crítica séria à escalada das despesas com defesa que afetam toda a população. O terror gera a mais grave preocupação de todas, aquela em que poucas pessoas querem pensar, sobre a ligação entre o ataque ao Federal Building na cidade de Oklahoma por Timothy McVeigh e aliados e o ataque contra o World Trade Center no começo dos anos 1990 e, novamente, em 11 de setembro.

O 11 de setembro é o ponto essencial que liga as manifestações do terrorismo em lugares da economia global que, sob outro aspecto, são muito diferentes. Seja nos Estados Unidos ou na Índia, o terror organizado por redes celulares aterroriza as estruturas vertebradas do estado e borra as linhas divisórias entre os inimigos de dentro e os de fora. Assim, os terroristas, em todas as partes do mundo, lançam uma sombra escura sobre nossas mais profundas ansiedades a respeito da identidade nacional, do poder do estado e da pureza étnica da qual, de algum modo, todas as nações dependem. Nossos terroristas, quer nos Estados Unidos, quer na Índia ou outro lugar, são, portanto, duplamente aterrorizantes: eles são maus, com certeza, mas também parecem ser, de alguma forma, sintomas do profundo mal-estar em nossos corpos sociais e políticos. Eles não podem ser facilmente exorcizados como maus espíritos nem simplesmente amputados como membros doentes. Eles nos forçam a um compromisso mais profundo com nossos estados, nosso mundo e nós mesmos.

Fechando o círculo

Agora podemos tentar fechar o círculo da explicação e juntar a terrível simetria entre o *poder* dos pequenos números — aspecto central do terrorismo celular e dos atentados suicidas — e o *medo* aos pequenos números — a fraqueza paradoxal da democracia liberal na era da globalização.

Em julho de 2005, Londres estremeceu com uma série de explosões de bombas que sacudiram a nação britânica. Produzindo morte e caos na capital ocidental mais bem preparada para lidar com o terrorismo urbano, as bombas foram rastreadas até um grupo de jovens ligados principalmente por seu status de não nativos numa Inglaterra multicultural, jovens que podem ter se reunido no contexto da grande rede inglesa de mesquitas, escolas religiosas e comunidades islâmicas. Embora haja variações dentro do grupo e muitas perguntas sobre como esses jovens vieram a se transformar em terroristas urbanos, parece claro que vários dos que colocaram as bombas e suas famílias faziam parte da diáspora paquistanesa na Inglaterra e que outros tinham vínculos com o estado indiano de Gujarat, situado na fronteira indo-paquistanesa. O que esses fatos têm que ver com os argumentos mais amplos deste livro sobre minoria, incerteza, globalização e violência?

Os ataques a bomba em Londres, em julho de 2005, permitem-nos trazer a história do 11 de setembro até o momento presente e olhar mais de perto para a dinâmica do terror e do etnocídio ao examinar, com mais detalhes, uma determinada amostra de um tecido global mais amplo. Como vimos neste capítulo, os muçulmanos da Índia têm sido retratados pelo Direita Hindu, com êxito, como traidores em potencial da nação indiana, como agentes secretos do Paquistão em solo indiano e como instrumentos do Islã global decidido a solapar a Índia hindu. O estado de Gujarat testemunhou o mais sério terror patrocinado pelo estado contra sua minoria muçulmana em fevereiro de 2002, não muito depois que a guerra global contra o terror foi anunciada pelos Estados Unidos logo após os ataques de 11 de setembro.

Embora o BJP, o partido político que promoveu esse etnocídio massivo na Índia democrática, fosse derrubado do poder nas eleições nacionais de 2004, o braço regional desse partido permanece no controle do estado de Gujarat, e aqueles líderes do BJP que conscientemente levaram Gujarat a um estado de fúria majoritária ainda estão no poder nesse importante estado. Gujarat ainda é um cadinho para o ódio político contra os muçulmanos e para o medo ao Paquistão patrocinado pelo estado.

Enquanto isso, muitos jovens muçulmanos (dentre eles muitos dos dois lados da fronteira Índia-Paquistão, incluindo o estado de Gujarat) chegaram à idade adulta como membros da diáspora na Inglaterra num mundo multicultural onde eles não são, de maneira nenhuma, plenos cidadãos. Expostos às mensagens dos mulás islâmicos que acreditam em alguma forma de guerra permanente contra o Ocidente, não convencidos da mistura britânica de multiculturalismo oficial e racismo cotidiano e cônscios dos ataques contra muçulmanos comuns por todo o mundo liberal, a psicologia das minorias liberais os persegue na Inglaterra e alimenta-se das notícias na mídia e na Internet sobre ataques contra muçulmanos na Palestina, Cachemira, Gujarat, Nova York e além. Ao mesmo tempo, as mensagens a que estão expostos, de sacerdotes muçulmanos na Inglaterra e de seus pares que se radicalizaram, dizem que eles pertencem, na verdade, não a uma minoria aterrorizada, mas sim a uma maioria aterrorizante, o próprio mundo muçulmano.

Nesse processo, em alguns casos a percepção de si mesmos como minorias feridas cede o lugar para uma percepção diferente de si mesmos como uma minoria de vanguarda que, na verdade, fala por uma maioria sagrada — os muçulmanos do mundo. Essa minoria autoconstruída é um tipo muito diferente de minoria daquela imaginada pelo estado britânico. Nascidas dos restos e dos remendos do multiculturalismo britânico, essas novas minorias das quais emergiram os que colocaram as bombas em Londres são, de fato, minorias a serem temidas porque são a voz disforme de uma maioria global ferida.

Há dois modos de ler essa história. Podemos lê-la como um dentre os milhares de modos pelos quais uma profunda história colonial junta-se à dinâmica da política das minorias globais. A partição do subcontinente indiano é inimaginável sem uma série de mudanças institucionais patrocinadas pelos ingleses na Índia colonial, indo desde contagens religiosas nos censos do século XIX aos eleitorados separados para hindus e para muçulmanos no começo do século XX e a estratégias para dividir e governar que levaram diretamente à criação de duas nações em 1947. Por sua vez, essa história colonial arma o cenário para uma das mais sangrentas divisões políticas na história moderna, que tem colocado a Índia e o Paquistão num estado de permanente antagonismo por mais de meio século. Alguma parte dessa infeliz população de muçulmanos da Índia e do Paquistão aporta à Grã-Bretanha, terra da batalha sobre *Os versos satânicos* de Salman Rushdie no final da década de 1980 e do agressivo engajamento de Tony Blair à causa dos Estados Unidos no Iraque em 2003. Do lado da Índia, as feridas da Partição levam diretamente ao surgimento do fundamentalismo hindu em Gujarat e a uma caça às bruxas e um pogrom contra sua grande comunidade muçulmana em 2004. Jovens muçulmanos (de origem indiana e paquistanesa) na Inglaterra não podem ter deixado de fazer ligações entre o 11 de setembro em Nova York, a guerra no Iraque e no Afeganistão, o atual abuso contra seus iguais muçulmanos na Palestina, o pogrom contra os muçulmanos de Gujarat em 2002 e o contínuo fracasso do estado indiano em punir os principais responsáveis pelos crimes contra a humanidade ali cometidos.

Também podemos ler essa história estrutural e sincronicamente como uma lição na escorregadia dinâmica que rege os status de minorias e maiorias em muitas sociedades democráticas na última década do século XX. Da mesma forma como algumas nações democráticas tendem a criar minorias internas às quais veem como maiorias externas disfarçadas, alguns dentro dessas minorias — frequentemente jovens instruídos, descontentes — começam a se identificar com o mundo celular do terror global em vez de com o mundo isolador das minorias nacionais. Assim, eles se metamorfoseiam de um tipo de minoria — fraca, sem poder, sem concessões e com raiva — para outro tipo de minoria — celular, globalizada, transnacional, armada e perigosa. Essa transformação é o cadinho que produz recrutas para o terrorismo global.

A história das minorias muçulmanas do século XXI é, com certeza, a narração dominante desse tipo de simetria assustadora entre o medo aos pequenos números e o poder dos pequenos números, mas não é, de jeito nenhum, única. O mundo está cheio de minorias raivosas com o potencial para se organizar em células. Já observamos essa capacidade entre militantes sikhs, bascos, curdos, tamiles de Sri Lanka e outras minorias feridas que se tornaram comunidades diaspóricas globais. Assim, não podemos nos permitir supor que existe algo no DNA do Islã que tem a capacidade de transformar minorias submissas em apavorantes. Com essas observações sobre a relação entre a violência contra as minorias e a violência das minorias, podemos voltar ao mundo do estado de guerra ideológico em que agora vivemos.

6. GLOBALIZAÇÃO DE RAIZ NA ERA DO IDEOCÍDIO

O argumento de Samuel Huntington (1993) sobre o choque de civilizações é fundamentalmente falho, mas tem uma certa atração intuitiva no mundo que adentramos depois do 11 de setembro. Ao colocar a cultura em seu centro, o modelo parece ter previsto algo do sentimento de guerra generalizada contra o Ocidente, em particular contra os Estados Unidos, que parece ter varrido o mundo islâmico e, especialmente, suas extremidades terroristas. Portanto, existe algo certo e algo errado nesse modelo.

A parte falha, mortalmente falha na verdade, é a imagem das próprias civilizações, concebidas como em parte raciais, em parte geográficas, em parte tendo filiações religiosas e, em geral, como bastiões físicos da cultura. Isso é primordialismo com uma base macrogeográfica. Ignora a vasta quantidade de interação global entre as áreas das civilizações, apaga os diálogos e os debates dentro das regiões geográficas e destrói sobreposições e hibridizações. Numa palavra, extrai a história da cultura, deixando apenas a geografia. O mundo parece uma grande série de icebergs culturais que se movem devagar, com contrastes marcantes nas bordas e pouca variedade no interior. Essa espacialização da cultura, pintada com grandes pinceladas no *tropos* das civilizações, também abre a porta para um perigoso colapso da religião, cultura e raça, na argumentação de Huntington.

Tudo isso tem sido levantado nas muitas críticas incisivas dessa abordagem que apareceram desde que ela foi formulada por Huntington há vários anos. Ele também, contudo, tinha alguma razão, de certo modo intuitivo. Tinha razão porque reconhecia que, longe de estarmos no "fim da ideologia", conforme a expressão de Daniel Bell na década de 1950, ou no "fim da história", como disse Francis Fukuyama várias décadas depois, parece que entramos numa nova fase de guerra apenas em nome da ideologia (Bell, 1961; Fukuyama, 1992). O erro de Huntington foi fazer confluir o mensageiro e a mensagem e mapear essa realidade complexa num quadro geográfico verdadeiro, com massas de territórios reais, concretos, que eram vistos como lares de civilizações antagônicas. Especialmente no caso do Islã, esse é um erro que custa caro porque alimenta, talvez não de propósito, as fantasias espacializadas que levaram George Bush e seus conselheiros a tentar localizar a Al-Qaeda no Afeganistão e a dizimar uma célula apagando um território do mapa.

Mesmo Bush e seus associados reconheceram, contudo, desde o começo, que havia alguma coisa global, intangível e não espacializada — na verdade, virtual — sobre o novo inimigo. Essa qualidade é o que tentei apreender anteriormente na distinção entre organizações vertebradas e celulares. O modelo de Huntington é, também, excluindo suas várias outras falhas conceituais, um modelo vertebrado para um mundo celular. Ele estava certo, todavia, ao ver que havia um novo tipo de totalismo ideológico sendo gerado no mundo, especialmente em relação ao ódio aos Estados Unidos. É aqui que entra a ideia de "ideocídio" (que também abordei anteriormente neste livro).

Ideocídio e civicídio

Ideocídio é um termo que aponta para um fenômeno amplamente difundido, de fato, global, um fenômeno novo e grave, em que povos, países e modos de vida inteiros são considerados perniciosos e estranhos à esfera da humanidade além de alvos adequados para o que Orlando Patterson chamou de "morte social" (1982) em sua discussão sobre a escravatura e o que Daniel Goldhagen viu como o primeiro passo da direção do genocídio e etnocídio nazistas em relação à coletividade judia mundial (1996). Esse sentimento é forte demais para ser chamado de choque de civilizações. Melhor chamá-lo de um choque de *ideocídios* ou um choque de *civicídios*. A política em questão é mais do que etnocida ou mesmo genocida, uma vez que esses termos estão ancorados no ódio a minorias "internas". O ideocídio ou civicídio abre espaço para esses sentimentos e coloca ideologias inteiras, amplas regiões e modos de vida fora dos limites da preocupação ética humana. E também, ao contrário de antigos precursores como o maniqueísmo da Guerra Fria, em que o comunismo, por exemplo, era visto pelos americanos como um objeto de total repugnância, o alvo, naqueles casos, não é mais um estado ou regime político específico, mas ideias de civilização e ideologias inteiras.

Essa parte de meus argumentos pode parecer uma simples recolocação da tese de Huntington, mas não é. Ao mudar as alavancas de *choque* para *limpeza*, cruzamos uma linha qualitativa crucial, que também permite mudar, de regimes como alvo para populações inteiras como alvo (podemos denominar esse fenômeno o deslize bin Laden). E mais: ao focar ideias de civilização em vez de civilizações em si, reconhecemos que essas batalhas totalizadoras podem acontecer *dentro* de grandes tradições e regiões do mundo em vez de simplesmente passar *através* delas (a falha central do modelo de Huntington). Assim, a guerra enorme e demorada entre Irã e Iraque, agora em grande parte esquecida pela mídia ocidental, é um exemplo de uma grande luta entre as ideias shiita e sunita do Islã, exacerbada, com certeza, por estímulos adicionais fornecidos pelas maquinações dos dois regimes depois da ascensão do aiatolá Khomeini. Para lançar uma luz verdadeira sobre as novas lógicas do ideocídio e do civicídio, nosso melhor indício provém do aumento, em todo o mundo, da limpeza étnica das minorias. Hitler foi o primeiro a ligar essa questão interna (judeus alemães) a um projeto total global (a eliminação da coletividade judia mundial). Elementos dessa globalização de bodes expiatórios internos podem ser vistos em inúmeros exemplos na década passada. Inversamente, existe uma crescente tendência a ver inimigos morais globais como sendo moralmente indistintos de inimigos locais ou internos. Essa lógica dupla — globalizar opositores morais internos e trazer para perto inimigos morais distantes — é a chave para a lógica do ideocídio e civicídio. Ela acrescenta um componente globalizador poderoso a modalidades existentes de etnocídio e genocídio.

Ódio a distância

A segunda parte, difícil, de uma alternativa ao modelo do choque de civilizações tem que ver com os Estados Unidos e a vida cultural norte-americana em geral. Não há como duvidar do fato de que, em muitas e diversas partes do mundo e entre várias classes, grupos religiosos e intelectuais, bem como entre muitas pessoas comuns, um ódio generalizado ao governo americano e aos americanos como um povo está mais difundido do que nós, às vezes, queremos admitir. Esse ódio precisa ser entendido. Ele tem muitas raízes e formas, de modo nenhum confinadas ao mundo islâmico. A primeira, que tem sido documentada há muito como a imagem do americano feio, tem sua origem na arrogância cotidiana dos americanos de todo tipo no mundo depois de 1945. Como turistas, modernizadores, funcionários do Banco Mundial, missionários, pesquisadores, beneméritos e filantropos, especialmente à sombra da batalha contra o Império do Mal, os americanos, nesse período, fecharam qualquer brecha que eventualmente existia entre eles, como povo, e seu governo. Os americanos sempre pareceram embaixadores culturais: de um certo modo, todo americano que se encontrava em qualquer parte do mundo não europeu era visto como um pacote ambulante de privilégios tecnológicos, militares, culturais e educacionais, ao mesmo tempo ostentando seus prazeres e restringindo o acesso dos moradores locais a esses mesmos prazeres. Todo mendigo que já tenha ficado do lado de fora dos grandes hotéis do mundo, esperando que um gordo casal americano verta um pouco de gentileza ou algumas moedas para ele ou ela, já a partir de 1945, é um pequeno *mujahideen* em construção. E qualquer americano que já tenha sofrido a provocação de mendigos pobres em qualquer lugar da Ásia, África ou Oriente Médio sabe que cada súplica contém uma ameaça velada e uma certa repulsa profunda. Gunga Din morreu.[19]

E existe uma dimensão cultural desse crescente antiamericanismo. Alemães ou japoneses mal-educados não são vistos como embaixadores de seus governos, mas os americanos quase sempre o são. Por quê? A razão é que os americanos são a materialização, em suas roupas, seu estilo, suas propriedades e seus costumes (como fazer *jogging* em torno de seus hotéis no terceiro mundo), de uma corporificação especial das máquinas culturais que representam os Estados Unidos nas telas de TV de todo o mundo: os belos corpos de *Baywatch*; as proporções físicas de Schwarzeneggers e Stallones; a energia e o vigor de *NYPD Blue*; o humor popularesco de *I love Lucy* e a aura de empatia de Oprah Winfrey (estes dois últimos, programas populares no mundo todo). Ao incorporar, dessa forma, a grande maquinaria cultural de sua sociedade, os americanos comuns invocam o poder e a arrogância do estado americano, uma vez que estilos de vida tornaram-se, globalmente, o signo central do estilo moral. Os estilos morais, por todo o mundo, agora são vistos como sendo ditados pelas restrições e interesses do estado. Assim, de um modo estranho, há uma crescente tendência a relacionar os corpos americanos com a ostentação kitsch cultural americana e o conhecido poder do estado americano. Nas mãos daqueles ideólogos pelo mundo todo que tornaram a moralidade corporal essencial para a estabilidade do estado, os americanos parecem simbolizar, ao mesmo tempo, os Nikes que estão em seus pés e os silos de seus mísseis. Desnecessário dizer que a maioria dos americanos que moraram, trabalharam ou viajaram pelas regiões mais pobres do mundo ficaria horrorizada com essa leitura do que pode representar.

Em muitas partes do mundo, essa equação tem sido firmemente consolidada por massivos ataques militares americanos contra países mais pobres (podemos começar no Japão com Hiroshima e Nagasaki, passar pela Coreia e Vietnam e dar umas pequenas paradas em Cuba, Chile, Panamá, Irã, Iraque e Afeganistão, bem como em Bangladesh, Somália e Haiti) e pelo inegável *imprimatur* de Washington para algumas das mais difíceis políticas impostas pelo Fundo Monetário Internacional (FMI) e pelo Banco Mundial.

O que é mais difícil de engolir é que a maior parte do mundo parece estar desesperada para vir aos Estados Unidos, partilhar sua liberdade e suas possibilidades de negócios, fruir de seus bens e serviços e olhar o mundo do ponto de vista da cabine, em vez de dos últimos assentos da classe econômica. E isso é realmente intrigante para os americanos. Como pode

---

[19] Gunga Din é personagem do poema de mesmo nome de Rudyard Kipling, publicado em 1892 e o mais conhecido desse autor. O cenário é a Índia, onde um carregador de água nativo, à custa da própria vida, salva a de um soldado britânico. Kipling celebrava nesse e em outros escritos as virtudes do não europeu e denunciava o racismo dos britânicos. (N.T.)

tanta gente nos odiar por causa das mesmas coisas que ela quer e procura desesperadamente ao tentar romper nossas fronteiras, obter nossos vistos, e voar, dirigir, navegar e nadar em direção a nossa costa? Por que gastar essa energia enorme para chegar a uma terra que se despreza? Por que destruir os próprios prazeres de que se espera usufruir?

As pistas para responder a essa pergunta não se encontram na devastação do Afeganistão depois da guerra com os soviéticos e pelo plano anti-Marshall executado pelo Estados Unidos depois que a União Soviética deixou o Afeganistão, nem podem ser encontradas nos acampamentos de refugiados palestinos no Líbano e em outros lugares, nem mesmo naquelas sombrias escolas muçulmanas no Paquistão, as *madrassas*, nas quais se supõe que o Taliban tenha sido alimentado e doutrinado, embora tudo isso possa ser parte do pano de fundo. Elas podem ser encontradas conversando com chóferes de táxi em muitas cidades dos Estados Unidos, pessoas de meios modestos e originadas das classes baixas, frequentemente instruídas, móveis e talentosas, que escolheram entrar nos Estados Unidos passando pela Estátua do Táxi Amarelo, o *Yellow Cab*. Muitos desses motoristas de táxi (que, em sua imensa maioria, vieram do sul da Ásia e da África, quando não são americanos negros ou hispânicos) são americanos entusiastas, que celebram sua habilidade para trabalharem para eles mesmos, serem seus próprios patrões, educarem seus filhos ou prosseguirem sua própria educação nos Estados Unidos. De cada três motoristas, um está examinando os manuais da Microsoft e sonhando com o paraíso cibernético. Outros têm objetivos mais decididos: mais alguns táxis, um posto de gasolina, talvez uma loja de conveniência.

Outros, porém, falam com incrível desprezo dos americanos, do crime entre os negros, da frouxidão moral do comportamento sexual entre os brancos, da imoralidade em qualquer nível, da hipocrisia da polícia e dos funcionários municipais, do racismo cotidiano a que estão sujeitos. Esse desprezo moral nos diz alguma coisa, e não é sobre hipocrisia. Esses críticos da moral cotidiana dos Estados Unidos, que vêem a si mesmos como sobreviventes em um casulo moral dentro da *barriga da baleia*, encontraram um modo de separar a vida americana (que eles apreciam e valorizam) do "modo de vida" americano, que, nas versões feitas por eles, frequentemente abominam, em especial no tocante à moralidade sexual. Essa não é uma separação fácil de conceber, pois é parte de uma rede sem costuras da ideologia cultural americana de todo dia.

Para os "desvalidos" do mundo que vêm fazer sua vida nos Estados Unidos, apareceu uma divisão curiosa. Como americanos, eles têm um vigoroso senso de seus direitos e liberdades, que perseguem e dos quais usufruem o máximo possível. Como não americanos, conservam o sentimento de repugnância, alienação e distância que sempre podem ter tido. Para tais imigrantes (legais ou não), em muitos casos o patriotismo cívico separou-se do patriotismo político. É essa brecha que procuram tapar com a profusão de bandeiras e outros símbolos que ansiosamente ostentam nas ruas de Nova York e outras cidades.

Outro exemplo provém de um ponto mais elevado da escada da classe global. A maioria dos membros com educação superior da elite indiana de meu grupo etário (50-60) tem família e amigos nos Estados Unidos e estes, em linhas gerais, ocupam altos cargos na medicina, tecnologia, computação, bancos e finanças. Os mais jovens são verdadeiramente mestres imigrantes desse universo. Eles dirigem empresas, aconselham prefeitos e gabinetes, dirigem os principais jornais e editoras, patenteiam novas bio e cibertecnologias e dão aulas na maioria das universidades de elite dos Estados Unidos. Em muitos casos, esses indianos privilegiados têm filhos, agora, em colégios de elite nos Estados Unidos ou esperam colocá-los lá, ou os estão ajudando a encontrar trabalho depois de formados. Essa é a América que eles procuram e perseguem com incansável vigor, uso de redes de pessoas conhecidas, planejamento e desenvolvimento de estratégias. E isso se aplica ainda mais àqueles membros da elite indiana que escolheram ficar na Índia nas profissões de sua escolha. Também isso, contudo, não é hipocrisia. Como podemos entender o fato de que muitas dessas elites na Índia e outros lugares gostam, mais do que tudo, de criticar ferozmente os Estados Unidos (umas vezes o governo, outras vezes as indústrias culturais, outras ainda os americanos como tais) enquanto tentam alcançar sua versão do sonho americano para eles mesmos ou para seus filhos? São pessoas imensamente sofisticadas, entre elas estrelas do mundo empresarial e do mundo da erudição, que se expressam bem em inglês, sabem lidar com a mídia, são astutos para argumentar, generosos nos debates e modestos nos combates. Muito longe dos apologistas de Osama. Mas quão diferentes de fato são? E por que, eles também, cospem no prato que os alimenta?

A resposta desse enigma está em outra parte do processo que chamamos de globalização. A maior parte do futuro das profissões, quer seja computação, matemática, ciência social ou direitos humanos, é formada por padrões produzidos e praticados em organizações, redes de profissionais e instituições dos Estados Unidos. Em outras palavras, é provável que seu êxito virtualmente em qualquer carreira não estatal nas partes mais pobres do mundo seja medido por padrões feitos nos Estados Unidos ou por americanos que põem em prática esses padrões.

Isso não teria tanta importância se a maior parte das regiões e países pobres não tivesse destruído suas cidades, enfraquecido suas instituições acadêmicas, tornado impossível ensinar e pesquisar a sério e transformado os espaços profissionais em colônias do estado, quer pela repressão, quer pela corrupção. Assim, para esses profissionais e elites, existe um vasto ruído de sucção, produzido no vácuo de seus próprios mundos profissionais e enraizado nos Estados Unidos. Desse modo, eles seguem carreiras, perseguem o bem-estar de seus filhos e têm suas próprias redes de profissionais conhecidos nos Estados Unidos (e, até certo ponto, em outros lugares do primeiro mundo). Ao mesmo tempo, tal como o motorista de táxi do terceiro mundo, eles se reservam o direito de serem antiamericanos em matéria de cultura, política e até mesmo estilo de vida. Acabam chegando aos Estados Unidos como imigrantes civis, mas também como exilados morais. E, mesmo quando ficam em seus países de origem, conservam esse duplo relacionamento, que também fornece o combustível para a mais ampla maquinaria do civicídio em relação aos Estados Unidos.

Os que sonham e os que odeiam, portanto, não são, infelizmente, dois grupos diferentes. Muitas vezes são as mesmas pessoas. E, no caso dos Estados Unidos, por causa de seu enorme papel como poder mundial desde 1945 (e especialmente desde 1989), essa ambivalência é mais dramática. Assim, o ódio aos Estados Unidos está intimamente vinculado ao desejo de ser parte deles. Passe uma semana do lado de fora de qualquer consulado americano tentando tirar um visto de entrada, preenchendo centenas de formulários, sendo empurrado para cá e para lá na fila, sendo insultado por insignificantes funcionários locais e depois exaustivamente inquirido por um funcionário cansado e ainda assim ter o visto negado, e você também irá ativar o gene do ódio. A imprensa dos Estados Unidos regularmente publica histórias sobre essas questões, que são o testemunho vívido desse pequeno alimentador de paixões.

E há muitos outros que são assim ambivalentes. Ativistas de ONGs que têm de mendigar uns poucos milhares de dólares ao Banco Mundial; médicos que não passam nos exames necessários da Associação Médica Americana para praticar medicina nos Estados Unidos; estudantes forçados a retornar depois de acabar os estudos porque seus futuros empregadores se mudaram ou desapareceram; gerentes de multinacionais controladas por americanos que encontram americanos (ou europeus) quinze anos mais jovens do que eles mesmos na direção das filiais regionais; pesquisadores que lutaram décadas para conseguir publicar um único artigo numa revista dos Estados Unidos e que de repente se veem transformados em fontes nativas de informação para estudantes americanos. Quem precisa das madrassas para fomentar o ódio?

Para essas elites profissionais, com aspirações e visões cosmopolitas, a liberdade e a oportunidade não são artigos de fé cultural e ícones dos Estados Unidos, no sentido em que George Bush e seus associados mais graduados repetem sem fim. A liberdade e a oportunidade são, antes, questões práticas, associadas aos Estados Unidos como um sistema cívico, mais do que um sistema político. Novamente, num certo sentido, o que os estrangeiros procuram é a sociedade americana, não o regime político e social americano.

Eles procuram oportunidades como fatos, não a oportunidade como norma. Aqui está a brecha, ou melhor, o abismo entre o patriotismo oficial ou indígena e o desejo mais pragmático de ter uma vida boa que perseguem muitos migrantes em potencial aos Estados Unidos. E aqui é onde o prazer prático de viver nos Estados Unidos — ou o objetivo de chegar lá — pode ser compatível com um profundo ressentimento moral em relação ao regime americano e ao governo americano como forças globais.

Em termos sociológicos, duas forças unem-se para criar os canais e as fontes profundas do sentimento mundial antiamericano. A ambivalência das elites globais que se ressentem das disciplinas americanas que afetam suas vidas e planos para o futuro enquanto, ocasionalmente, excluem-nos ou degradam-nos, e a raiva crua dos exércitos de depauperados, que imaginam os Estados Unidos através das lentes do feudalismo, da depravação moral, de bombardeios diretos e violência por controle remoto, e dos desastres econômicos mediados pelo Banco Mundial e o FMI. A contribuição islâmica para essa mistura, na forma da redistribuição do conceito de *jihad* contra os Estados Unidos — concebido como o Satã do mundo — acrescenta um vetor regional específico a essa mistura inflamável. Existem outros vetores em outros lugares — em grande parte da América Latina, onde os Estados Unidos são vistos como uma extensão da CIA e das grandes multinacionais; no Japão, onde as humilhações da Segunda Guerra Mundial e os horrores de Hiroshima e Nagasaki não foram nem um pouco esquecidos; na Índia, onde os nacionalistas hindus associam os Estados Unidos a concursos de beleza, consumismo descontrolado e hedonismo amoral; na maior parte da África, onde os Estados Unidos são vistos como os sucessores das brutalidades do colonialismo europeu por alguns e por outros como o poder hegemônico do mundo que está ocupado demais para se importar com a África. Os exemplos são múltiplos. Eles acrescentam sabores específicos regionais e históricos para o misto de ambivalência das elites e profundo medo e raiva das massas mais pobres.

Podemos, agora, abordar a questão do ódio a distância, que pode ser uma nítida contribuição da segunda metade do século XX, ainda mais jovem do que a breve história da empatia a distância, que Michael Ignatieff discute com tanta eloquência (1998). Ignatieff assinala que, mesmo no Ocidente cristão, não era natural preocupar-se com o sofrimento dos que estavam distantes e que essa capacidade para a empatia a distância é um produto especial da imaginação liberal, humanista, que recusa todo sofrimento em nome de uma humanidade geral. O que acontece, porém, com as emoções mais abjetas, como inveja, ódio e medo? Como se tornam elas possíveis sem um contato frente a frente, sem um ressentimento direto, sem experiências locais? Como se transformam em abstratas e portáteis?

Aqui, a história recente do etnocídio interno em lugares como Iugoslávia, Ruanda, Indonésia, Índia e Camboja é instrutiva, porém só parcialmente, pois essas horríveis campanhas de limpeza envolvem intimidades distorcidas através das quais vizinho mata vizinho e os conhecidos são transformados em estranhos e seres execráveis. O êxito dos nazistas em transformar, assim, os judeus alemães nos "mortos sociais" precedeu a habilidade daqueles em mobilizar campanhas para eliminar os judeus em outras partes da Europa e, eventualmente, na Rússia.

Os ódios de hoje, todavia, como o ódio de alguns pensadores, movimentos e militantes islâmicos pelos americanos e o ódio de muitos norte-americanos pelos povos islâmicos (concebidos como árabes, muçulmanos ou terroristas) é um ódio mais abstrato. Para alguns, as próprias vítimas de bombas, devastação econômica, estado de guerra e abandono (como os *mujahideen* afegãos abandonados pelos EUA depois da derrota dos soviéticos no Afeganistão), o ódio aos Estados Unidos está, de fato, vinculado a experiências na intimidade do sofrimento social. Para muitos, contudo, é uma vitória da imagem e da mensagem, da mídia e da propaganda. A mídia traz imagens da prosperidade, da lassidão moral e do poder global americanos por meio do cinema, da TV e da Internet. A propaganda chega pelas elites locais, que veem os Estados Unidos como uma teoria geral e uma fonte do mal no mundo. A pergunta é: O que torna essas mensagens plausíveis e convincentes essas imagens? E como elas podem ser estímulo para o ódio, para o impulso do que chamei de civicídio?

A mudança de um ressentimento ordinário para o ódio generalizado por países, populações e sociedades inteiros, com frequência pouco sentida de modo concreto, exige que compreendamos a essência moral desse ódio. A linguagem do mal está amplamente difundida nos discursos mais extremos do mundo islâmico — e ela produziu a contrapartida previsível nas imagens do diabo, do mal e coisas parecidas usadas pelos líderes dos Estados Unidos. O ódio a distância requer que dois ingredientes letais se misturem — uma teodiceia maniqueísta que procura explicar de uma só vez a deterioração moral do mundo e um conjunto de imagens e mensagens em que essa teodiceia maniqueísta pode se enraizar e tornar-se plausível em nível local. O ódio a longa distância cria uma imagem moral de mal total e lhe dá o rosto de uma inteira sociedade, povo ou região. Esse é o combustível do ideocídio e de sua consequência política: o civicídio.

E o civicídio agora prospera num mundo pós-westphaliano.[20] Certamente o sistema do estado-nação não está morto: alguns surgem, outros caem,

---

[20] Alusão ao Tratado de Westphalia, de 1648. O atual sistema de relações internacionais é conhecido como o da Ordem Mundial Westphaliana. Aquele tratado encerrou a Guerra dos 30 anos na Europa e estabeleceu um novo equilíbrio entre os príncipes germânicos e a Igreja romana, que viu seu poder reduzido. Inicialmente de âmbito europeu, à medida que a Europa se expandiu para outras partes do mundo seu ordenamento transformou-se em ordenamento mundial. (N.T.)

todos têm a ilusão de permanência. Os ataques de 11 de setembro, contudo, são um sinal seguro de que o mundo da política global, da diplomacia, do estado de guerra, do fluxo de recursos, da fidelidade e da mobilização é apenas parcialmente coberto pelo mapa dos estados-nação e pelas políticas de fluxos e negócios globais. Esse mundo westphaliano pode ser descrito como real e realista, baseado numa arquitetura da reciprocidade e reconhecimento em que os atores não estatais eram obstáculos menores, em geral confinados à política doméstica ou, quando vazavam pelas fronteiras nacionais, meros exemplos de criminalidade. Os fluxos através das fronteiras, nesse modelo mais velho, ou eram sancionados pelo estado ou eram criminosos.

Como argumentei anteriormente, porém, um novo mundo está emergindo enquanto caminhamos para o século XXI. Ainda temos o mundo vertebrado, organizado pelo sistema dorsal central de equilíbrios internacionais de poder, tratados militares, alianças econômicas e instituições de cooperação. Ao lado dele, porém, existe o mundo celular, cujas partes se multiplicam por associação e oportunidade, mais do que por legislação ou por projeto. Ele também é produto da globalização — das novas tecnologias de informação, da rapidez das finanças e da velocidade das notícias, do movimento do capital e da circulação de refugiados. Esse mundo celular emergente tem duas faces.

A face sombria dessa política celular tem sido minha própria preocupação neste e em capítulos anteriores. É o rosto que viemos a chamar de terrorismo, em que grupos tão diferentes quanto o IRA e as Brigadas Vermelhas ligam-se a grupos semelhantes no Oriente Médio, Ásia e outros lugares, a fim de criar uma violência em grande escala no centro da vida cotidiana — nos bares, eventos esportivos, centros financeiros, estações de trem e de ônibus. Essas organizações celulares algumas vezes são um produto e dependem do estado-nação, mas também têm o potencial de ameaçar o estado-nação e não só atacando esse ou aquele regime, nessa região ou naquela. Elas ameaçam o sistema de estados-nação ao corroer seu monopólio total sobre os meios de destruição em grande escala da vida humana. Ao operar fora dos quadros existentes de soberania, territorialidade e patriotismo nacional, elas atacam o quadro moral do estado-nação como um sistema e forma globais.

Essa é a fonte do pânico verdadeiro por trás dos pronunciamentos provindo das lideranças civis e militares de Washington e seus aliados. E se estivermos testemunhando o nascimento de um novo sistema de poder, política e violência globais e sua disseminação, totalmente fora da estrutura do sistema internacional, e não de células e redes individuais de terrorismo, nem mesmo de estados desonestos ou alianças de estados desonestos, mas sim de um completo regime político global alternativo, com total acesso às tecnologias letais da comunicação, planejamento e devastação? E o que acontece se esse sistema mundial alternativo tiver como principal objetivo a violência, no momento amplamente controlada pelo sistema de estados?

Esse panorama sombrio sugere um fim, não só da sociedade civil, mas da própria ideia da vida civil. A política a distância, contudo, organizada em novas formas celulares, não é apenas o monopólio de capitalistas desonestos ou terroristas políticos. É também o estilo de organização dos movimentos progressistas mais interessantes na sociedade global, aqueles movimentos que procuram construir uma terceira via de circulação, independentemente dos espaços do estado e do mercado, e que podemos chamar de movimentos pela globalização de raiz. Discutirei brevemente esses movimentos a título de conclusão.

Globalização de raiz

A globalização celular tem, de fato, uma face mais utópica. A face mais feliz é o que algumas vezes tem sido chamado de sociedade civil internacional, aquelas redes de ativistas preocupados com os direitos humanos, a pobreza, os direitos dos indígenas, o auxílio emergencial, a justiça ecológica, a igualdade de gêneros e outros objetivos fundamentalmente humanistas que formam redes não estatais e grupos de interesse que cruzam fronteiras nacionais. Do Greenpeace aos Médicos sem Fronteiras, do Narmada Bachao Andolan ao Public Eye, em Davos, a variedade desses movimentos é vasta e seu número parece crescer o tempo todo.

Os cientistas sociais começaram a perceber que existe uma convergência complexa daquilo que costumava ser visto isoladamente como instituições da sociedade civil, organizações transnacionais e movimentos sociais populares. De algum modo impreciso, todas elas podem ser tratadas como ONGs ou como ONGs transnacionais. Essa, porém, é uma enorme categoria, que vai das igrejas e grandes organizações filantrópicas a grupos multilaterais e sociedades científicas. Refiro-me aqui, de modo mais estrito, ao que Keck e Sikkink chamaram de redes transnacionais de ativistas. Tais redes, agora, estão agindo virtualmente em todas as áreas do bem-estar e da equidade humana, indo desde a saúde e o meio ambiente aos direitos humanos, habitação, gêneros e direitos de povos indígenas. Algumas vezes são relativamente locais e regionais em seu objetivo e outras são verdadeiramente globais em seu alcance e impacto. Nas extremidades mais altas, elas são redes vastas, bem financiadas e amplamente conhecidas que se transformaram em mega-organizações. Na outra extremidade, elas são pequenas e fluidas, redes incipientes, operando em silêncio, frequentemente de modo invisível, mas também através das linhas divisórias nacionais e outras. O estudo dessas redes cresce vigorosamente, especialmente entre os cientistas políticos que se ocupam das novas formas de negociações internacionais, com a expansão do estudo dos movimentos sociais e com a terceira via fora do mercado e do estado.

Muitas dessas redes transnacionais de ativistas estão explicitamente envolvidas nos principais debates sobre globalização, e algumas delas tornaram-se muito visíveis nos protestos de rua largamente noticiados em Seattle, Milão, Praga, Washington, Davos e outros lugares da Europa e dos Estados Unidos em anos recentes. A grande maioria desses movimentos, contudo, está engajada em formas muitos menos noticiadas e muito mais focadas de defesa e coordenação, procurando alcançar mudanças específicas de políticas em níveis local, nacional e global. Muitas vezes elas têm tido êxito em desacelerar grandes manobras oficiais para definir políticas globais sobre o comércio, meio ambiente, dívida etc., geralmente ao forçar a transparência, ao exercer pressão sobre países específicos e ao fazer circular, rapidamente, por cima das fronteiras e pelos meios eletrônicos, informações sobre decisões políticas futuras, de modo a mobilizar os protestos.

Protesto, contudo, não é a palavra chave de muitos desses movimentos, que também exploram, com frequência, a parceria com agências multilaterais, com seus próprios países de origem, com grandes financiadores internacionais e com outras forças da sociedade civil local e internacional. Essas associações não têm sido muito exploradas pelos cientistas sociais e constituem uma parte crucial da influência por onde tais redes tornaram-se eficazes.

Eu mesmo estou ocupado num estudo a longo prazo de um importante movimento desses, o Shack/Slumdwellers International — SDI — (Internacional dos Moradores de Barracos e Favelas) e especialmente de seu núcleo indiano, uma aliança entre três diferentes grupos de ativistas: Society for the Promotion of Area Resource Centers (Sociedade para a Melhoria dos Centros de Recursos de Área), uma ONG; Mahila Milan, uma organização de mulheres pobres urbanas, com raízes em Mumbai e dedicada principalmente a questões de pequenas poupanças e habitacionais; e a National Slum Dwellers Federation (Federação Nacional dos Moradores de Favelas), uma notável organização mais antiga de homens moradores em favelas, com atividade em mais de trinta cidades da Índia. Esse trio de organizações, em si mesmo uma formação pouco comum, tem funcionado como uma Aliança, na Índia, desde a metade dos anos 1980 e sido um membro chave do SDI por cerca de uma década. O SDI exerce atividades em cerca de vinte países da Ásia e da África e já conseguiu deixar grandes marcas em questões como o estabelecimento de métodos para alavancar os movimentos de poupança popular a fim de obter recursos dos principais financiadores para projetos em prol dos pobres; definir padrões pelos quais as propriedades de terras e casas podem ser obtidas com segurança pelos moradores de favelas em Mumbai e outros lugares, e na contribuição com o movimento global, liderado principalmente por países como a China, para tornar o acesso ao saneamento básico um objetivo central da política do estado. Ao trabalhar com esses objetivos, o que a SDI (Appadurai, 2000b) fez foi encontrar novos modos de organizar pessoas pobres das cidades naquilo que chamei em outro lugar de "democracia profunda" (2002), a fim de afastar-se dos modelos existentes de política de agitação ou da política de simples repasse de recursos de caridade, ou da simples terceirização de funções tradicionais do estado, caminhos esses que continuam a ser seguidos por muitas ONGs. O SDI concentrou-se, antes, em capacitar as pessoas pobres das cidades para explorar e praticar meios específicos de gestão urbana, tendo em vista construir sua própria capacidade de fixar objetivos, alcançar conhecimentos, partilhar informações e gerar dedicação. Para isso, fizeram um uso notável de práticas como a poupança diária, não para firmar um hábito empresarial com o fim de transformar os pobres urbanos em micro-capitalistas, mas para determinar certos protocolos e princípios para o auto-gerenciamento genuíno. De fato, os pobres urbanos que a Aliança conseguiu "confederar", seu próprio termo político, desenvolveram elementos de uma sombra de governo urbano em muitas cidades, especialmente em Mumbai, onde estabeleceram suas próprias instituições de crédito que fornecem a eles mesmos uma infraestrutura básica e também um acesso básico à segurança jurídica e política.

O que é mais interessante nesse exercício de capacitação (também organizado, durante mais de uma década, por trocas transnacionais entre federações de países diversos) é que ele envolveu a exploração e a construção de novas parcerias com membros dos governos locais, estatais e centrais na Índia, África do Sul, Tailândia, Camboja e, mais recentemente, Nepal, Zimbábue, Quênia e outros lugares. Também foram encontrados meios de lançar as bases da parceria com o sistema das Nações Unidas, especialmente com o Centro das Nações Unidas para o Assentamento Humano, e até mesmo com o Banco Mundial e outras agências burocráticas estatais ou quase estatais para o desenvolvimento na Europa, África e Ásia.

Nesse processo, a Aliança fez avanços notáveis nos problemas substanciais da pobreza urbana em muitas cidades da Índia e outros países. Seus vínculos globais, redes, trocas e perspectivas têm sido elementos chave para ela, ao reforçar o trabalho e a moral das federações locais. Elas não só aumentaram o nível de sua habilidade de fazer intervenções materiais, como na questão de recolocar moradores de favelas, construir banheiros e criar cooperativas habitacionais baseadas na poupança entre os pobres urbanos de muitas cidades. Também encontraram modos novos para canalizar esses exercícios globais, ao capacitar os mais pobres dos pobres urbanos a serem os arquitetos de seus mundos políticos locais. E, até agora, espantosamente, o fizeram sem que se tornassem meros instrumentos de organizações do estado, de financiadores multilaterais, de partidos políticos ou outros grandes interesses disfarçados. Isso é a democratização celular em ação.

O caso do SDI e outros movimentos habitacionais transnacionais não é, claro, único. Há muitas outras formações celulares desse tipo em ação, algumas mais altamente desenvolvidas do que outras. Algumas são mais visíveis, uma vez que estão envolvidas em questões globais dramáticas como o futuro das grandes represas. Outras, que trabalham com questões mais modestas como habitação e poupança, são menos visíveis. Todas têm em comum, contudo, o esforço para dar forma a uma terceira via, em que mercados e estados não sejam só forçados a reorganizar sua importância, mas também estejam no processo de ter de ceder um espaço político genuíno a essas vozes e agentes quando decisões globais sobre questões chave sejam tomadas.

Isso não é um conto de fadas, nem está por acabar. É uma luta importante, cheia de riscos, incidentes, contradições, desapontamentos e obstáculos. Tais movimentos são, contudo, em suas aspirações, democráticos tanto na forma quanto em seu objetivo final. E, cada vez mais, estão construindo o global, não pela linguagem geral dos problemas, direitos ou normas universais, mas ao abordar uma questão, uma aliança, uma vitória por vez. Os grandes movimentos progressistas dos últimos poucos séculos, especialmente os movimentos da classe operária que caracterizaram os séculos XIX e XX, sempre operaram com princípios universalistas de solidariedade, identidade e interesse, por objetivos e contra oponentes, também concebidos em termos universalistas e genéricos. Os novos ativismos transnacionais têm mais espaço para construir solidariedade a partir de pequenas convergências de interesses e, embora possam também invocar grandes categorias, como "os pobres urbanos", para construir seus programas, constroem suas verdadeiras solidariedades de modo mais específico, lógico e sensível ao contexto. Eles estão, assim, desenvolvendo uma nova dinâmica em que as redes globais são postas a serviço de entendimentos locais do poder.

Muito mais poderia ser dito sobre esses movimentos, sua forma, função e significado. Preciso, porém, voltar aos temas centrais deste ensaio. Chamei a atenção para esses movimentos ativistas transnacionais e transurbanos porque, em seu caráter transnacional, eles também operam pelo princípio celular, coordenando sem uma centralização massiva, reproduzindo-se sem um mandato central determinado, trabalhando ocasionalmente sob os olhos mais amplos do público mas, muitas vezes, ao abrigo deles, alavancando recursos do estado e do mercado para seus próprios fins e perseguindo visões de equidade e acessibilidade que não se encaixam em muitos modelos do século XX, tanto de desenvolvimento, quanto de democracia. Precisamos ficar atentos a eles, pois a iminente crise do estado-nação pode se situar, não nas sombrias células do terror, mas nas utópicas células dessas outras novas formas transnacionais de organização. Aqui se encontra um recurso vital que poderia contrabalançar a tendência mundial ao etnocídio e ao ideocídio e aqui também está a resposta, embora incipiente, obscura e provisória, ao difícil relacionamento entre a paz e a igualdade no mundo que habitamos. De qualquer modo, esperemos que essa forma utópica de celularidade seja o palco de nossas batalhas. Caso contrário, podemos dizer adeus tanto aos cidadãos quanto à civilidade.

BIBLIOGRAFIA

Anderson, Benedict R. 1991. *Imagined Communities: Reflections on the Origin and Spread of Nationalism*. Londres: Verso.

Appadurai, Arjun. 1996. *Modernity at Large: Cultural Dimensions of Globalization*. Minneapolis: University of Minnesota Press.

_____. 1998a. "Full Attachment." *Public Culture* 10 (2).

_____. 1998b. "Dead Certainty: Ethnic Violence in the Era of Globalization." *Public Culture* 10 (2): 225-47.

_____. 2000a. "The Grounds of the Nation-State: Identity, Violence and Territory." Em *Nationalism and Internationalism in the Post-Cold War Era*. Ed. Kjell Goldmann, Ulf Hannerz e Charles Westin. Londres: Routledge.

_____. 2000b. "Spectral Housing and Urban Cleansing: Notes on Millennial Mumbai." *Public Culture* 12 (3): 627-51.

_____. 2002. "Deep Democracy: Urban Governmentality and the Horizon of Politics." *Public Culture* 14 (1): 21-47.

Arendt, Hannah. 1963. *Eichmann in Jerusalem: A Report on the Banality of Evil*. Nova York: Viking Press.

_____. 1968. *The Origins of Totalitarianism*. Nova York: Harcourt.

Axel, Brian Keith. 2001. *The Nation's Tortured Body: Violence, Representation, and the Formation of a Sikh "Diaspora."* Durham e Londres: Duke University Press.

Balibar, Etienne. 1990. "The Nation Form." *Review* 12 (3): 329-61.

Basrur, Rajesh M., ed. 2001. *Security in the New Millennium: Views from South Asia*. Nova Delhi: India Research Press.

Basu, Amrita. 1994. "When Local Riots Are Not Merely Local: Bringing the State Back In, Bijnor 1988-92." *Economic and Political Weekly*, 2605-21.

Bell, Daniel. 1961. *End of Ideology: On the Exhaustion of Political Ideas in the Fifties*. Nova York: Collier Books.

Castells, Manuel. 1996. *The Rise of the Network Society*. Cambridge: Blackwell.

Cooley, Charles Horton. 1964. *Human Nature and the Social Order*. Introdução de Philip Rieff. Prefácio de Herbert Mead. Nova York: Schocken Books.

Das, Veena. 1990. *Mirrors of Violence: Communities, Riots and Survivors in South Asia*. Delhi: Oxford University Press.

Devji, Faisal. 2005. *Landscapes of the Jihad: Militancy, Morality and Modernity*. Ithaca: Cornell University Press.

Douglas, Mary. 1966. *Purity and Danger: An Analysis of Concepts of Purity and Taboo*. Londres: Routledge and Kegan Paul.
Friedman, Thomas. 1999. "A Manifesto for the Fast World." *New York Times*, 28 de março de 1999.
Fukuyama, Francis. 1992. *The End of History and the Last Man*. Nova York: Free Press.
Girard, René. 1977. *Violence and the Sacred*. Baltimore: Johns Hopkins University Press.
Goldhagen, Daniel. 1996. *Hitler's Willing Executioners: Ordinary Germans and the Holocaust*. Nova York: Knopf.
Goldmann, Kjell, Ulf Hannerz e Charles Westin, eds. 2000. *Nationalism and Internationalism in the Post-Cold War Era*. Londres: Routledge.
Gourevitch, Philip. 1998. *We Wish to Inform You That Tomorrow We Will Be Killed with Our Families: Stories from Rwanda*. Nova York: Farrar, Straus and Giroux.
Hinton, Alexander Laban, ed. *Annihilating Difference: The Anthropology of Genocide*. Berkeley: University of California Press.
Huntington, Samuel. 1993. "The Clash of Civilizations." *Foreign Affairs* 72 (3).
_____. 2004. "The Hispanic Challenge." *Foreign Policy*. Março/abril.
Ignatieff, Michael. 1998. *The Warriors Honor: Ethnic War and the Modern Conscience*. Nova York: Henry Holt.
Jaffrelot, Christophe. 2003. *India's Silent Revolution: The Rise of the Lower Castes in North India*. Nova York: Columbia University Press.
Jeganathan, Pradeep. 1997. "After a Riot: Anthropological Locations of Violence in an Urban Sri Lankan Community." Tese de doutoramento, Departamento de Antropologia, Universidade de Chicago.
_____. 1998. "eelam.com: Place, Nation, and Imagi-Nation in Cyberspace." *Public Culture* 10 (3).
Kaviraj, Sudipta. 1992. "The Imaginary Institution of India." Em *Subaltern Studies*, v. 7. Ed. Partha Chatterjee e Gyanendra Pandey. Delhi: Oxford University Press.
Keck, Margaret E. e Kathryn Sikkink. 1997. *Activists Beyond Borders: Advocacy Networks in International Politics*. Ithaca: Cornell University Press.
Mbembe, Achille. 2003. "Necropolitics." *Public Culture* 15 (1): 11-40.
Merton, Robert King e David L. Sills, eds. 2001. *Social Science Quotations: Who Said What, When, and Where*. New Brunswick, N.J.: Transaction Publishers.
Ortega y Gasset, José. 1957. *The Revolt of the Masses*. Nova York: Norton.
Patterson, Orlando. 1982. *Slavery and Social Death: A Comparative Study*. Cambridge, Mass.: Harvard University Press.
Scott, James C. 1998. *Seeing Like a State: How Certain Schemes to Improve the Human Condition Have Failed*. New Haven: Yale University Press.
Simmel, Georg. 1950. "The Stranger." Em *The Sociology of Georg Simmel*. Trad. e ed. Kurt H. Wolff. Glencoe, Ill.: Free Press.

Uyangoda, Jayadeva. 2001. "Human Security, the State, and Democracy in a Globalising World." Em *Security in the New Millennium: Views from South Asia*. Ed. Rajesh M.Basrur. Nova Delhi: India Research Press.

Weber, Eugene. 1976. *Peasants into Frenchmen: The Modernization of Rural France, 1880-1914*. Stanford: Stanford University Press.

ÍNDICE REMISSIVO

11 de setembro de 2001, ataques terroristas de, 13, 19-20, 96
   a resposta dos Estados Unidos aos, 25-33, 82-3
   geografias da raiva e, 77-9
   impacto mundial dos, 69-70, 72-83
   modelo de Huntington e, 23-5
Abu Ghraib, fotografias da prisão, 21
Afeganistão, guerra do, 25-6, 63, 72-3, 82-3
África, 70, 94
Alemanha. *Ver* nazismo
Al-Jazeera, rede, 78
Al-Qaeda, 19-20, 23-6, 63
   canais de financiamento da, 66
   organização celular da, 34
alta globalização, 13-4
   aspectos celulares da, 30-1
   comunidades diaspóricas e, 28-9
   crise de circulação e, 32-3
   erosão do sistema do estado-nação e, 27-9, 91-7
   estruturas vertebradas e, 29-31
   impacto cultural da, 27-8
   impactos econômicos da, 27
   impactos políticos da, 27
   natureza intrínseca do terror e, 33-4
   produção de desigualdade e, 27-9
   ver também globalização
americanos hispânicos, 14
analogias para a globalização, 35-6
   ver também globalização
antiamericanismo, 20-1, 78-9, 88-96
   ambivalência dos imigrantes e, 91-5
   civicídio e, 91-6
   dos pobres de todo o mundo, 94-5
   dos profissionais imigrantes de elite, 92-3
   estilos morais e, 90
   na América Latina, 94
   ódio a distância e, 94-6
   ostentação cultural e, 89-90
   versões da *jihad* islâmica do, 94-5
   violência oficial americana e, 90-1
antiamericanismo japonês, 94
antiamericanismo na América Latina, 94
antissemitismo, 48-9
   ver também nazismo
ansiedade da incompletude, 17-9, 49-50
   fúria por diferenças menores e, 18-9, 63-5, 83-4
   geografias da raiva e, 77-9
noções de pureza, singularidade e inteireza e, 41, 47, 50, 66-7
apego total, 17
Appadurai, Arjun, 9, 15-6, 32

Arendt, Hannah, 15, 49
Ásia, sul da. *Ver* Índia; Paquistão
atentado a bomba em Londres em julho de 2005, 83-5
Ayodhya, 73, 75, 81

Baazaar (filme), 58
Babri Masjid, ataque a, 9, 56, 73, 75
Bachchan, família, 74
Banco Mundial, 90, 93, 94
Basrur, R.M., 79
Basu, Amrita, 60
Bell, Daniel, 87
Bharatiya Janata Party (BJP)
   ver Partido do Povo Indiano
Bharat Shah, 74
bin Laden, Osama, 25-6, 63, 72
BJP
   ver Partido do Povo Indiano
Blair, Tony, 85
Bombaim. *Ver* Mumbai
Bósnia, 9, 65
Brigadas Vermelhas, 97
Burra, Sundar, 10
Bush, administração de George W., 25-6, 88, 94

Cachemira, 72, 81-2
Castells, Manuel, 29
celulares, sistemas, 27, 29-33, 77-8
   capitalismo global e, 30-1
   de redes terroristas, 31, 69, 97
   democracia profunda e, 99-101
   globalização de raiz e, 31, 97-101
   ideologias não espacializadas e, 88-9
   regime político global alternativo e, 96-7
   tecnologia da informação e, 35-6, 96
Central Intelligence Agency (CIA), 94
Centro das Nações Unidas para Assentamentos Humanos, 99
certeza ideológica, 71
choque de civilizações, 24-6, 87-9
choque de ideocídios, 88-9
cibercomunidade tamil (eelam.com), 28-9, 36
civicídio, 77, 88-9
   contextos antiamericanos de, 91-6
   contextos do estado-nação e, 96-7
   fim da vida civil e, 97-8
   ódio a distância e, 94-6
comunalismo: o ataque a Babri Masjid e, 9, 56, 73, 75
   estado de Gujarat e, 74, 83-5
   maha-arati e, 76
   Sikhs como alvo da violência, 42

violência corporal e, 42-3
ver também contextos da violência; violência etnocida; Índia; minorias e grupos marginalizados; muçulmanos na Índia
comunidades diaspóricas. Ver migração
conflito Israel-Palestina, 69
contextos da violência, 36-46
    ataques contra minorias, 36-41
    criação pelo estado de grupos minoritários, 38-42, 45-6, 66-7, 70-1, 85
    fronteiras borradas entre "nós" e "eles", 41
    insegurança do estado, 79-82
    migração do trabalho e do capital, 36-8, 58-9, 66-7
    minorias como alvos e bodes expiatórios, 39-43, 45, 88-9
    soma de incerteza e incompletude, 18-9, 66-7
    violência corporal, 42-3
contextos econômicos da globalização, 35-6
    alta globalização, 13, 27-34, 96-7
    crise de circulação, 32-3
    estruturas capitalistas, 29-31
    garantias regulatórias do estado-nação, 29-30, 33
    migração do trabalho e do capital, 36-8, 58-9, 66-7
    papel do capital financeiro, 36
    pobreza, 10
    tráfico de armas, 38
    violência contra minorias, 40
    Ver também globalização
contextos majoritários: ansiedade da incompletude, 17-9, 63-5, 83-4
    formação do "nós e "eles", 43-6
    fúria por diferenças menores, 18-9, 65-7, 83-4
    noções de pureza e singularidade, 41, 47, 50, 66-7
    surgimento de identidades predatórias, 45-51, 54
    Ver também estado-nação
criação estatística de grupos minoritários, 38-42, 45-6, 66, 70-1, 85
crise de circulação, 32-3
Croácia, 9, 65
cultura norte-americana, 89-97
    ver também antiamericanismo

"Dead Certainty" (Appadurai), 15
decapitações, 20-1
democracia liberal: tomada de decisão coletiva na, 51-2
    medo aos pequenos números na, 52-3
    medo das massas na, 52, 60-1
    nos estados islâmicos, 64
    papel da dissidência da minoria na, 53-5
    papel do indivíduo na, 51-2
democracia profunda, 99-101
    ver também democracia liberal
desacordo quanto ao procedimento, 53-5
Devji, Faisal, 59, 77
diferenças menores, 18-9, 65-7, 83-4
Direita Hindu. Ver Índia
direitos humanos, 10, 54-5, 58-60
discurso do terrorismo, 23, 26
disjunturas de fluxos globais, 32-3
dissidência substantiva, 53-5
Douglas, Mary, 15, 40, 47

eelam.com, 29, 36
estados-nação, 10
    ansiedade da incompletude nos, 17-9
    ansiedade individual sobre a ligação com,16
    autenticidade cultural em, 28-9
    certeza ideológica de, 70-1
    civicídio e, 96-7
    criação de grupos minoritários em, 38-42, 45-6, 66-7, 70-1, 85
    direitos humanos das minorias em, 53-4, 82-3
    disseminação das milícias e, 23-4
    erosão de, pela hiperglobalização, 27-9, 96-7
    estruturas vertebradas e, 29-30, 96-7
    fúria por diferenças menores e, 18-9, 65, 67, 83-4
    geografias da raiva em, 77-9
    guerras internas em, 23
    identidades predatórias e, 46-51
    ilegitimidade notada de alguns estados, 24-5
    insegurança e, 79-83
    limites borrados entre "nós" e "eles" nos, 41
    mecanismos oficiais de formação de identidade em, 70-1
    megaidentidades incertas e, 14-8
    mídia e, 77-8
    minorias transformadas em bodes expiatórios por projetos nacionais fracassados em, 40-2, 45, 88-9
    monopólio da violência e, 38
    nacionalismo e, 14-5
    noção de pureza, singularidade, integridade em, 41, 47, 50, 66-7
    ódio a distância e, 94-6
    regulação da tecnologia da informação por, 23-4, 96
    violência como normativa em, 23-4, 33-4
    ver também contextos majoritários
Estados Unidos: multiculturalismo ambivalente dos, 53-4
    antiamericanismo e os, 20-1, 78-9, 87-9, 97
    atentado a bomba em Oklahoma em, 82-3
    centralidade constitucional da dissidência da minoria nos, 53-5
    CIA, 94
    construção da democracia a distância e, 63-5
    direitos das minorias em, 82-3
    enquanto polícia do mundo, 79
    grupos de interesses especiais em, 53
    guerra contra o terror dos, 19-21, 26, 69
    indústria prisional em, 36-7
    ódio ao Islã em, 95
    produção de desigualdade global pelos, 28
    reação dos, aos ataques de 11 de setembro, 25-6, 82-3
    uso da violência militar por, 79
    violência doméstica nos, 36-7
    ver também 11 de setembro de 2001, ataques terroristas; guerra contra o terror
estruturas do capitalismo, 29-31
estruturas vertebradas, 26, 29-33, 69, 77-8
    civilizações geográficas e, 87-8
    em contextos globalizados, 96-7
    ver também estados-nação
ethnos, 14, 17, 27-8, 46-7
    lógica da purificação étnica, 71-2
    nazismo, 47-51
    racismo majoritário indiano, 61-2
Europa Central, 9, 65
Europa Oriental, 9, 65

formação da identidade: mecanismos oficiais com base no estado e, 70-2

identidades predatórias, 46-51
formação do "nós" e "eles", 45-6
Fortuyn, Pim, 17
Freud, narcisismo das diferenças menores de, 19, 65-7, 83-4
Friedman, Thomas, 79
Fukuyama, Francis, 87
fundamentalismo, 16, 28
Fundo Monetário Internacional (FMI), 90, 94
fúria e ódio, 18-21
  lutas pelos direitos humanos e, 55
  medo aos pequenos números e, 47, 50-1
  nazismo e, 47-51
  ódio a distância e, 94-6
  ver também violência etnocida, identidades predatórias

Gandhi, Indira, 42
Gandhi, Rajiv, 59
Grã-Bretanha, 83-5
genocídio. *Ver* violência etnocida
geografias da raiva, 76-8
  ver também Índia
Girard, René, 20
globalização: ansiedade sobre a marginalização e, 35-8
  alta, 13, 27-33
  brecha entre ricos e pobres e, 36
  de bodes expiatórios internos, 89
  fúria sobre diferenças menores e, 18-9, 65-7, 83-4
  geografias da raiva e, 79
  protestos públicos contra, 98
  regulação da tecnologia da informação e, 23-4, 96
  ver também contextos econômicos da globalização; estados-nação
globalização de raiz, 10, 31, 97-101
  democracia profunda e, 99-101
  democratização celular e, 98-101
  empatia eletrônica e, 38
  objetivos da, 98
Godse, Nathuram, 81
Goldhagen, Daniel, 48, 88
Gourevitch, Philip, 17
Greenpeace, 97
grupos. *Ver* formação da identidade
guerra contra o terror, 19-21, 26, 69
  como resposta aos ataques de 11 de setembro, 25-6, 69, 82-3
  dando nome ao inimigo, 25-6
  guerra do Afeganistão e, 25-6, 63-4, 72-3, 82-3
  revolta e guerra no Iraque e, 26, 64, 72-3
  sistemas vertebrado e celular e a, 27-33
guerra Irã-Iraque, 88-9
Gujarat, estado de, 74, 84-5

Hitler, Adolf. *Ver* nazismo
homens-bomba, 20-1, 62-3
Huntington, Samuel, 14, 24-5, 87-9
Hussein, Saddam, 63-5
identidade coletiva
  ver formação da identidade
identidades predatórias, 46-51
  incerteza social e, 69-70
  lutas pelos direitos humanos e, 54-5
  medo aos pequenos números e, 47, 50-1
  narcisismo de diferenças menores e, 18-9, 65-7, 83-4

nazismo e, 50-1
ideocídio, 77, 88-9
  ver também civicídio
Ignatieff, Michael, 38, 65, 94
imigração. *Ver* migração
incerteza. *Ver* incerteza social
incerteza social, 15-8, 66-7, 82
  a máscara do terrorista e, 70-1
  ansiedade individual sobre a ligação com o estado e, 16
  contextos do terror da, 69-72
  em contextos de certeza ideológica, 16-7, 70-2
  geografia da raiva e, 77-8
  mecanismos oficiais de formação de identidade e, 71-2
  os papéis da mídia e, 78
  soma da incerteza com a incompletude, 18-9, 66-7
  surgimentos de identidades predatórias e, 69-70
  violência etnocida e, 69-72
Índia: aliança das organizações habitacionais, 98-9
  antiamericanismo na, 94
  armas nucleares na, 80-1
  ataque a Babri Masjid na, 9, 56, 73, 75
  ataques de 11 de setembro de 2001 e, 72-82
  atividade naval da, 76
  banco de votos eleitorais na, 60-1, 84-5
  batalhas pela Cachemira na, 72-3, 80-2
  casta e classes políticas na, 59-61
  Comissão Mandal na, 59-60
  condição suficiente na, 18-9
  controvérsia Shah Bano na, 58-60
  controvérsias sobre direitos humanos na, 58-60
  democratização celular na, 98-101
  estado de Gujarat na, 74, 84-5
  estereótipos de muçulmanos na, 57-9, 61-2
  eventos *maha-arati* na, 76
  guerra contra o terror e, 26, 72-3
  incerteza étnica na, 15
  insegurança do estado na, 80-1
  luta pelas conversões na, 57-8
  migrações da elite aos Estados Unidos da, 92-3
  papéis da mídia na, 78
  Partição da, 55, 84-5
  Partido do Povo Indiano (Indian People's Party), 56
    em Gujarat, 74, 84-5
    insegurança do estado e, 80-1
    interesse do, na guerra com o Paquistão, 73-4
    nas eleições de 2004, 56-7, 60-1, 73-4
  Partido Shiva Sena na, 76
  poder e identidade hindus na, 55-62, 72-4, 80-1, 83-4
  questões econômicas na, 30-1, 37
  secularismo na, 53-4, 59-60, 72-3
  sequestros na, 20-1
  terrorismo interno na, 72-3, 80-2
  Uniform Civil Code (UCC: Código Civil Uniforme) na, 59-60
  violência contra muçulmanos na, 9, 17, 55-62, 74, 80-1, 84-5
  violência relacionada aos sikhs na, 41-2
  ver também Mumbai; muçulmanos na Índia
insegurança dos estados, 79-83
Iraque: a construção da sociedade civil no, 64-5
  construção da democracia à distância no, 63-5
  grupos minoritários no, 64
  guerra com o Irã, 88-9
  invasão americana do, 26, 64
  limpeza étnica "a seco" no, 65-6

potencial para o regime político islâmico no, 64
Irish Republican Army (IRA), 96
Islã sunita, 88-9
Iugoslávia, 10, 65

jihadi, visão do mundo da, 77
judeus. *Ver* nazismo

Kant, Immanuel, 30
Keck, Margaret E., 97
Khan, Afroz, 74
Khomeini, Aiatolá, 69

Landscapes of the Jihad (*Paisagens da Jihad*) (Devji), 77
Lenin, Vladimir Ilich, 51-2
List, Friedrich, 36

maha-arati, 76
Mahila Milan, 98
Mandal, comissão, 59-60
Marx, Karl, 32
máscara do terrorista, a, 70, 82
massas, as, 52, 61, 63
Mbembe, Achille, 33
McVeigh, Timothy, 83
Médicos sem Fronteiras, 97
medo aos pequenos números: nas democracias liberais, 52-3
    grupos de interesses especiais e, 53
    ódio e fúria predatória e, 47, 50-1
    ver também minorias e grupos marginalizados; números
Mehta, Harshad, 74
mídia: cultura americana e a, 95-6
    contextos globalizados da, 96
    fotos de prisioneiros americanos e a, 21
    decapitações públicas e a, 20-1
migração, 28-9
    ambivalência dos imigrantes para os Estados Unidos e, 91, 95
    contextos coloniais da, 83-5
    de imigrantes de elite, 92-5
    em estados multiculturais, 83-5
    mecanismos baseados no estado para formação de identidade e, 70-2
    movimento do trabalho e do capital e, 36-8, 58, 65-7
    reivindicações de "autoctonia" e, 70
minorias e grupos marginalizados, 35-43
    ansiedade da incompletude e, 17-9, 49-50
    como alvos e bodes expiatórios, 39-42, 45, 88-9
    como portadores de lembranças indesejadas de violência, 39
    conexões globais e redes de, 64-5
    contextos para violência e, 36-41
    convenções de direitos humanos e, 54-55
    criação de, por estatísticas patrocinadas pelo estado, 38-42, 45-6, 67, 70-2, 84-5
    fronteiras borradas entre "nós" e "eles" e, 40-1
    fúria por diferenças menores e, 18-9, 65-7, 83-4
    identificação de, com terroristas, 84-5
    mercados de órgãos globais e, 37
    migração do trabalho e do capital e, 36-8, 58, 65-7
    papel de dissidente de, 53-5
    poder de pequenos números e, 83-5
    refugiados e pessoas deslocadas, 36-7
    trabalho infantil e milícias de jovens, 37
    violência contra mulheres e, 36-7
    violência corporal e, 42-3
    Ver também números, fúria e ódio
Modernity at Large: Cultural Dimensions of Globalization (Appadurai), 9, 16, 32
morte social, 88
motoristas de táxi de Nova York, 91
muçulmanos na Índia: o ataque a Babri Masjid e os, 9, 56, 73, 75
    em Mumbai, 74-6
    fluxo de recursos do Oriente Médio para os, 57
    lei pessoal e os, 58-9, 73
    migração dos, para o Ocidente, 84-5
    migração dos, para o Oriente Médio, 58
    o Haj e os, 58
    políticas eleitorais dos, 60-1
    vendedores ambulantes, 75
    violência contra os, 9, 17, 55-62, 73-4, 84-5
    ver também Índia
Mumbai, 73-6
    atividade naval na costa de, 76
    ativismo habitacional em, 10, 98-9
    ativistas de questões de mulheres em, 98-9
    fusão da atividade criminosa e do terrorismo em, 74-6
    invasões de privacidade em, 74-5
    maha-arati em, 76
    Partido Shiva Sena em, 76
    peça sobre Nathuram Godse banida em, 81
    vendedores ambulantes em, 75
    violência contra muçulmanos em, 9, 74-6
mundo islâmico: antiamericanismo e jihad do, 9, 74-6, 94-5
    evolução do, de minoria a maioria, 84-5
    estereótipos do, 61-2
    fontes idiossincráticas dos terror e, 23-4
    guerra do, contra o Ocidente, 87
    guerra Irã-Iraque e, 88-9
    Haj e, 58
    lei pessoal no, 58-9, 73
    migração para o Ocidente e, 83-5

Nações Unidas: convenções de direitos humanos das, 54-5
    estrutura vertebrada e, 29-30
    parcerias internacionais de raiz e, 99-100
narcisismo das diferenças menores, 19, 65-7, 83-4
Narmada Bachao Andolan, 97
National Slum Dwellers Association (Associação nacional dos moradores de favelas), 98
nazismo: aparelho do antissemitismo, 48-9, 95
    criação da "germanidade" e, 48-9
    criação de categorias minoritárias e, 39, 82
    criação de identidades predatórias e, 50-1
    ideocídio, 88-9
Nehru, Jawaharlal, 56
números, 51-3
    as massas e os, 52, 60-3
    homens-bomba e, 62-3
    pequenos números, 52, 83-5
    tomada coletiva de decisão e, 51-2
    um - o indivíduo, 51-2
    zero - criando as massas, 51-2

organizações não governamentais (ONGs), 93, 97-8
    ver também globalização de raiz

organizações transnacionais, 97-8
  democracia profunda e, 99-101
  democratização celular e, 98-101
  objetivos das, 97-8
  protestos das, contra a globalização, 97-8
Ortega y Gasset, José, 52
Other Backward Caste (OBC), conceito, 16

Paquistão, 57-8, 61-4
  ataques de 11 de setembro de 2001 e, 72-3
  atividade naval indiana e, 76
  Cachemira e, 72, 81-2
  guerra contra o terror e, 26, 72-3
  imigração para a Inglaterra do, 83-5
  Interserviço de Inteligência e, 75
  o desejo do BJP pela guerra decisiva com, 73-4
  Partição e, 55, 85
  patrocínio do terror e, 72, 81-2
Partido do Congresso, 56, 60-1, 81
Patterson, Orlando, 88
Pearl, Daniel, 20
Pentágono, ataque de 11 de setembro de 2001 contra o,
  ver 11 de setembro de 2001, ataques terroristas
poder dos pequenos números, 83-5
previsibilidade, 15-6
produtividade social da violência, 16-7
programa da Direita Hindu e, 72-3, 80-1
"Protocolo dos sábios do Sião", 71
Public Eye, em Davos, 97

questões ambientais, 10
questões da pobreza, 10
questões de gênero, 10
questões de saúde pública, 10

Rashtriya Swayamsevak Sangh (RSS), 80
Revolta das massas, A (Ortega y Gasset), 52
Rice, Condoleezza, 25-6
Ruanda, 9
Rushdie, Salman, 85

sequestros, 20-1
Sérvia, 9
Shah Bano, controvérsia, 58-9
Shiita, 88
Shiva Sena, partido, 76
Sikhs, como alvos de violência, 41-2
Sikkink, Kathryn, 97
Singh, M.N., 75
Society for the Promotion of Area Resource Centres
  (SPARC), 98
soma de incerteza e incompletude, 18-9, 66-7
Sri Lanka, 62
Shack/Slumdwellers International (SDI), 98-9

Taliban. Ver guerra do Afeganistão
tecnologia da informação, 30-1, 36-7, 96
tecnologia da Internet, 14
  cibercomunidades e, 29
  fluxo de notícias e opiniões e, 78
  natureza celular da, 31
terror, 13-4, 23-4, 82-3
  a máscara do terrorista e, 70-1
  canais interessados de financiamento do, 66

  como aspecto normativo da vida cotidiana, 33-4
  como intrínseco à globalização, 33-4
  depois de 11 de setembro de 2001, 82-3
  discurso sobre, 23, 26
  fontes idiossincráticas do, dentro do Islã, 24-5
  homens-bomba, 20-1, 62-3
  identificação da minoria com, 85
  incerteza social e, 15-8, 69-72
  inclusão de dissidentes e minorias e, 26
  insegurança dos estados e, 79-82
  natureza celular do, 31, 69, 97
  poder dos pequenos números e, 83-5
  redes globais do, 63-7
  sequestros e decapitações, 20-1
totalitarismo, 13, 52, 60-3

União Europeia, 17, 53-4
União Internacional dos Moradores de Barracos e Favelas
  (SDI), 98-9
Uyangoda, Jayadeva, 79

Versos satânicos, Os (Salman Rushdie), 85
violência corporal, 42-3, 82
  a máscara do terrorista e, 70-1
  homens-bomba e, 20-1, 62-3
  intimidade da violência etnocida e, 94-5
violência etnocida, 9, 13-19
  a máscara do terrorista e, 70-1
  ansiedade da incompletude e, 17, 19, 47, 49
  certeza ideológica e, 70-2
  choque de ideocídios e, 88-9
  como normativa, 23-4
  contextos de autenticidade cultural do estado-nação e,
    28-9
  fúria de diferenças menores e, 18-9, 65-7, 83-4
  incerteza social e, 18, 67
  natureza intimista da, 95
  pontos de inflexão e, 50-1
  soma de incerteza e incompletude e, 18-9, 67
  ver também identidades predatórias
violência vivisseccionista, 71
  ver violência corporal.
vítimas da violência, 20-1

Weber, Max, 15, 72
Westfália, tratado da, 30
Winfrey, Oprah, 90
World Trade Center, ataque de 1993 ao, 82-3
World Trade Center, ataques de 11 de setembro de 2001,
  ver 11 de setembro de 2001, ataques terroristas.

Este livro foi composto em Myriad pela *Iluminuras* e terminou de ser impresso no dia 15 de julho de 2009 nas oficinas da *gráfica Parma*, em São Paulo, SP, em papel Polen Soft 70g.